精准做事

陈西 —— 著

悦读书·悦旅行·悦享人生

中国·广州

图书在版编目（CIP）数据

精准做事 / 陈西著. — 广州：广东旅游出版社，2017.12（2024.8重印）
ISBN 978-7-5570-1177-2

Ⅰ.①精… Ⅱ.①陈… Ⅲ.①工作方法－通俗读物 Ⅳ.①B026-49

中国版本图书馆CIP数据核字（2017）第294832号

精准做事
JING ZHUN ZUO SHI

出 版 人	刘志松
责任编辑	李　丽
责任技编	冼志良
责任校对	李瑞苑

广东旅游出版社出版发行

地　　址	广东省广州市荔湾区沙面北街71号首、二层
邮　　编	510130
电　　话	020-87347732（总编室） 020-87348887（销售热线）
投稿邮箱	2026542779@qq.com
印　　刷	三河市腾飞印务有限公司
	（地址：三河市黄土庄镇小石庄村）
开　　本	880毫米×1230毫米 1/32
印　　张	8.75
字　　数	182千
版　　次	2017年12月第1版
印　　次	2024年8月第2次印刷
定　　价	58.00元

本书若有倒装、缺页影响阅读，请与承印厂联系调换，联系电话0316-3153358

序言

JINGZHUN ZUOSHI

关键就是要"精准"

对于现代的中国人来说,也许最应该提的两个字就是"精准"。毫不夸张地说,中国从来不缺乏聪明人,也从来不缺乏能够做大事的人,但是中国缺乏那种能够将事情踏踏实实地做得精准和到位的人。

也许是由于历史的原因,也许是由于教育的原因,中国人一向对于国家的大事比较关心,而往往对自己身边那些擦擦桌子、扫扫地之类的小事不屑一顾。即使不幸被分配去做擦桌子、扫地之类的小事,必然也是做得马马虎虎差不多就马上收手,随后就整天幻想自己将来如何出人头地,而不愿意再在自己眼前的工作上面多动脑子,不去琢磨如何才能够更好更快地把桌子擦干净，把地扫干净，因为在中国人的思想里大事和小事是分得一清二楚的。

中国人痛恨做小事，这样的结果就是大家做事的时候都嫌麻烦，尤其是做小事的时候。而且这种不良的习气总是像瘟疫一样不断地传染给那些曾经试图把每一件事情都做好的新人。

其实，很多中国人不知道对小事藐视，做小事做得不精准，同样也会影响到做大事。中国有句古话："千里之堤，溃于蚁穴。"小事做不好、做不精准就意味着一种责任感的严重缺失，更重要的是世间万物往往都存在着千丝万缕的联系，因此，我们很难说究竟什么事大什么事小。

树上掉下个苹果这样的事情太小了，但是牛顿从中发现了万有引力定律；烧开水壶盖被冲开这样的事情也太常见了，但是瓦特从中得到启示改良了蒸汽机。为什么现代科技的曙光出现在西方而不是中国呢？为什么世界五百强企业中，中国企业寥寥无几呢？为什么？

这一系列的为什么确实值得我们深刻反思。

是的，关键就在于我们对自己的要求太高又太低了，我们总是要求自己去做大事去干大事业，但我们做事的时候又总是差不多就行了，总是马马虎虎能够过关就行了。这种错误的观念和想法害了太多的人，也害了太多的企业。

所以，我们组织了一批在企业管理和社会工作方面颇有经验的学者编著了这一套职场自励丛书，选取了人生最关键的四个方面——沟通、做事、社交、管理，全面阐述了现代中国人在这四方面做得精准的方法和技巧。

| 序　言 |

在今天这个日新月异的时代，在我们的民族再次碰到历史机遇的时候，我们每一个中国人都应该觉醒，牢牢地把握住机会。作为社会生活中的人，我们应当"精准沟通"；作为企业和单位的人，我们应当"精准做事"；作为社会交往中的人，我们应当"精准社交"；作为企业的领导人，我们应当"精准管理"。

如果千百万的中国人能够真正地将这四方面做得精准而到位，我们这个国家和民族又何愁不能真正地实现中华民族伟大复兴呢？

目录

第一章　做事重在精准到位

想一想自己办事时错过了什么　　003
不要做教条的受害者　　004
方向是做事第一要旨　　005
要办正确的事　　006
要找出问题的关键　　007
立即行动才不会延误　　008
做事一定要有序化　　009
做事也要简单化　　011
问你自己到位了吗　　012
积极建造自己的生活　　012

学会将小事变成大事	013
心无旁骛才能把事做好	014
永远要做得比要求的更好	015
在有限时间内做重要的事	016
充分利用好零碎的时间	017
先做人，再办事	019
会说话才能把事情办好	020
做事别越位	021
做事别错位	021
找到自己的梦想乐园	022

第二章 用心的态度不可或缺

态度决定一切	025
冷眼观物，小心从事	026
坦诚第一，以诚待人	027
成功来自诚信	029
用更健康的暗示来帮助自己	030
花谢见果子的启示	031
为什么不反过来想	032
办事要保持积极的心态	032
让办事的信念引导着我们	034
不要让自卑战胜了自信	034
找回你的自信	036

关注巅峰的背后	038
做好聚焦式工作	040
一只特殊的玻璃杯	041
让自己富有热忱的感染力	043
增加你的热忱	044
游子归家中的道理	045
成功者不放弃	046
发现自己的金矿	047
佛塔上的老鼠	048

第三章　做事要讲方法

打靶要对着靶心	051
重视计划的作用	051
奇迹就是这样诞生的	053
学会将你要办的事情分类	054
专长要用在有用的地方	055
先送水还是先送饭	056
做事要分清轻重缓急	057
制定标准是一个好方法	059
皮格马利翁效应	060
效蟑之驴	060
留个缺口	061
囚徒困境	062

马特莱法则 064
做个好的时间管理者 066
表格记录的好处 069
给自己定下一个期限 069
不妨做一下鹦鹉老板 070
自我激励的九法则 071
有时不妨换种心情 073

第四章 对程序的思考

万物有理，四时有序 079
磨刀不误砍柴工 080
做好第一步 081
向周围的同事学习 082
敢于承担自己的责任 083
坚持两个做事的黄金法则 084
化难为易 085
一次只做一件事 086
做事就是人和制度的博弈 086
推开虚掩着的门 088
一步到位 089
要做一个有心人 091
互惠，做事才会更顺利 093
不要忽视各种潜规则 094

万全之策的可笑　　　　　　　　096
步骤安排的七步法　　　　　　　097
学无止境　　　　　　　　　　　098
盲从的毛毛虫　　　　　　　　　100
所有的一切都要简洁　　　　　　101
学会比较才会不断进步　　　　　103

第五章　做事的技巧

不要在冲动之下办事情　　　　　107
不要以不同的标准看人看己　　　108
该低头时就低头　　　　　　　　109
别失去自我　　　　　　　　　　110
系鞋带的大学问　　　　　　　　111
积极影响别人　　　　　　　　　112
万事万物皆可为我所用　　　　　113
不要有"修补"心理　　　　　　114
不问一声地做事　　　　　　　　116
多说几句话的妙用　　　　　　　117
思维定式　　　　　　　　　　　119
南瓜的力量　　　　　　　　　　121
抱怨始于庸者　　　　　　　　　123
亡羊补牢未晚　　　　　　　　　124
不要对小事掉以轻心　　　　　　125

一箭双雕是做事的高招　　126
借势造势　　127
后发制人　　129
给自己一个奖赏　　130
定期给自己复位归零　　131

第六章　思考的艺术

任何一片叶子都有自己的魅力　　135
智慧的力量　　136
学会用思想去体味人生　　137
一场可笑的冲突　　138
换一种角度思考　　139
思考隐藏在背后的真实　　140
煮熟的鸭子也会飞　　141
不要让习惯绑住了我们　　142
聪明的报童　　143
不要戴着有色眼镜去做事　　144
凭空想象的可悲　　145
思考敏于行　　146
超级逆向思维的威力　　147
做一下换位思考　　148
发现最真实的自我　　149
非黑即白的误区　　150

不要把你的柠檬弄丢了　　　　　151
培养自己的逻辑思维　　　　　　153
凡事不能过一个"度"字　　　　　154
失去联想也就失去很多　　　　　155

第七章　关注细微之处

大事必作于细　　　　　　　　　159
细节体现素养　　　　　　　　　160
步步为营的策略　　　　　　　　161
精于观察　　　　　　　　　　　162
体现你靠得住　　　　　　　　　163
二号线的故事　　　　　　　　　164
搬一把椅子　　　　　　　　　　166
泰国酒店的高明之处　　　　　　168
量化每一个细节　　　　　　　　170
十二次微笑　　　　　　　　　　171
做事的大忌就是浮躁　　　　　　172
做事容不得半点马虎　　　　　　173
窥斑见豹的力量　　　　　　　　174
勤于关注事物的细节　　　　　　175
细节就是专业　　　　　　　　　176
细节价值观　　　　　　　　　　177
在提醒别人时也要提醒自己　　　178

"打死我也不说" 179
细节体现个性 180
创新就是这样产生的 180

第八章 重视信息的作用

信息决定成败 185
仔细核实每个重要信息 186
发掘每一条信息的潜力 187
重视信息的转化 188
不要忽略重要记录 189
二次利用的妙处 191
信息不对称时怎么办 191
处理好灰色信息 192
防止信息阻塞 193
积极交换信息 194
写日记 195
防范谣言的传播 198
消除信息压力 199
沉锚效应 201
没有一成不变 202
专业化处理 203
狼和老太婆 204
学会遗忘 205

猫头鹰的审判　　　　　　　　206
掌握新技能　　　　　　　　　207

第九章　协调要到位

要有一颗充满爱的心　　　　　211
强者愿意帮助别人　　　　　　213
与小人协调　　　　　　　　　214
寻找心理的平衡　　　　　　　215
见面三分情　　　　　　　　　216
主动去了解别人　　　　　　　217
认识文化差异　　　　　　　　218
不打不相识　　　　　　　　　220
别制造误区　　　　　　　　　221
利用好间接经验　　　　　　　222
和别人做默契的搭档　　　　　223
永远尊重对方　　　　　　　　224
掌握聆听的技巧　　　　　　　225
不要吝啬赞赏　　　　　　　　226
君子坦荡荡　　　　　　　　　227
士为知己者死　　　　　　　　228
欲速则不达　　　　　　　　　229
敢于说"不"　　　　　　　　230
大家一起努力　　　　　　　　231

做一名快乐的小兵　　　　　　　　233

第十章　该注意的问题

爱因斯坦的镜子　　　　　　　　237
远离牢骚　　　　　　　　　　　238
善意的谎言　　　　　　　　　　239
黄帝问路的故事　　　　　　　　241
知足常乐吗　　　　　　　　　　242
某些时候要留有余地　　　　　　243
成本与收益的均衡　　　　　　　244
直入核心，直切要害　　　　　　247
模仿，也是一种进步　　　　　　248
反省，才能发挥优势　　　　　　249
永远不够好的境界　　　　　　　251
正确借鉴旧经验　　　　　　　　252
坚决果断的魄力　　　　　　　　253
摆脱坏习惯的影响　　　　　　　254
做事要有真正的自我　　　　　　255
悠然下山去的心态　　　　　　　256
寻找新刺激突破自我　　　　　　258
有健康才有未来　　　　　　　　259

第一章 做事重在精准到位
ZUOSHI ZHONGZAI JINGZHUN DAOWEI

> 少做就是多做，不要贪多，做精做透很重要。
>
> ——马云

想一想自己办事时错过了什么

你年轻聪明、壮志凌云。你不想庸庸碌碌地了此一生，渴望名声、财富和权力。因此你常常在我耳边抱怨：

那个著名的苹果为什么不是掉在你的头上？那只藏着"老子珠"的巨贝怎么就产在巴拉旺而不是在你常去游泳的海湾？为什么拿破仑偏能碰上约瑟芬而英俊高大的你总没有人垂青？

于是我想成全你，先是照样给你掉下一个苹果，结果你把它吃了。我决定换一个方法，在你闲逛时将硕大无朋的卡利南钻石偷偷放在你的脚边，将你绊倒，可你爬起后，怒气冲天地将它一脚踢下阴沟。最后我干脆就让你做拿破仑，不过像对待他一样，先将你抓进监狱，撤掉将军官职，赶出军队，然后将你身无分文地抛到塞纳河边。就在我催促约瑟芬驾着马车匆匆赶到河边时，远远地听到"扑通"一声，你投河自尽了。

对同样一件事情，不同的人处理的方式不同，效果就不同。不要总是羡慕别人的际遇，要想想自己在同样的际遇下会怎么做。回想一下自己处理的任何一件事情，有没有更加好的处理方式，自己逃避了些什么，错过了些什么，恐怕，错过的不仅仅是机会吧？

不要做教条的受害者

如果你把六只蜜蜂和六只苍蝇装进一个玻璃瓶中,然后将瓶子平放,让瓶底朝着窗户,会出现什么情况?

你会看到,蜜蜂不停地想在瓶底上找到出口,一直到它们力竭倒毙或饿死;而苍蝇则会在两分钟之内,穿过另一端的瓶颈逃逸一空——事实上,正是由于蜜蜂对光亮的喜爱,由于它们的智力,蜜蜂才灭亡了。

蜜蜂以为,囚室的出口必然在光线最明亮的地方;它们不停地重复着这种合乎逻辑的行动。对蜜蜂来说,玻璃是一种超自然的神秘之物,它们在自然界中从没遇到过这种突然不可穿透的大气层;而它们的智力越高,这种奇怪的障碍就越显得无法接受和不可理解。

那些愚蠢的苍蝇则对事物的逻辑毫不留意,全然不顾亮光的吸引,四下乱飞,结果误打误撞地碰上了好运气;这些头脑简单者总是在智者消亡的地方顺利得救。因此,苍蝇得以最终发现那个正中下怀的出口,并因此获得自由和新生。

上面所讲的故事并非寓言,而是美国密歇根大学教授卡尔·韦克转述的一个绝妙的实验。韦克是一个著名的组织行为学者。韦克总结道:"这件事说明,实验、坚持不懈、试错、冒险、即兴发挥、最佳途径、迂回前进、混乱、刻板和随机应变，所有这些都有助于应对变化。"

其实，做任何事情都没有教条，如果你是想把它做好的话。只有拥有随机应变、坚持不懈等素质，我们才能把事情办到位，适应我们所办的事情所存在的条件环境。

方向是做事第一要旨

比塞尔是撒哈拉沙漠中的一颗明珠，每年有数以万计的旅游者来到这儿。可是在肯·莱文发现它之前，这里还是一个封闭而落后的地方。这儿的人没有一个走出过大漠，据说他们不是不愿离开这块贫瘠的土地，而是尝试过很多次都没有走出去。

肯·莱文当然不相信这种说法。他用手语向这儿的人问原因，结果每个人的回答都一样：从这儿无论向哪个方向走，最后都还是转回出发的地方。为了证实这种说法，他做了一次试验，从比塞尔村向北走，结果三天半就走了出来。

比塞尔人为什么走不出来呢？肯·莱文非常纳闷，最后他只得雇一个比塞尔人，让他带路，看看到底是为什么。他们带了半个月的水，牵了两头骆驼，肯·莱文收起指南针等现代设备，只挂一根木棍跟在后面。

十天过去了，他们走了大约八百英里的路程，第十一天的早晨，他们果然又回到了比塞尔。这一次肯·莱文终于明白了，比塞尔人之所以走不出大漠，是因为他们根本就不认识北斗星。

在一望无际的沙漠里，一个人如果凭着感觉往前走，会走出许多大小不一的圆圈，最后，足迹十有八九是一把卷尺的形状。比塞尔村处在浩瀚的沙漠中间，方圆上千千米没有一点参照物，若不认识北斗星又没有指南针，想走出沙漠，确实是不可能的。

肯·莱文在离开比塞尔时，带了一位叫阿古特尔的青年，就是上次和他合作的人。他告诉这位汉子，只要你白天休息，夜晚朝着北面那颗星走，就能走出沙漠。阿古特尔照着去做，三天之后果然来到了大漠的边缘。阿古特尔因此成为比塞尔的开拓者，他的铜像被竖在小城的中央。铜像的底座上刻着一行字：新生活是从选定方向开始的。

做事情要有明确的方向，而不是凭着感觉走。否则，我们最终将被混乱控制。

要办正确的事

错误的事被做得很好不仅没有丝毫用处，有时反而会带来不可估量的后果。试想一下，如果我们看到自己的球员来了一个漂亮的倒挂金钩，却是帮对手把球踢进了自己的球门，那是一种什么样的哭笑不得的场面！

把握住正确的方向要注意以下一些方面的事情。

当你认为正确的事和上级认为正确的事发生冲突时，要从你们两个的角度站出来，试图运用技巧去影响上级，而不是消极地盲从。

另外，我们要认识到：逆着方向走一百步，还不如顺着方向走一步。因此永远别为自己错误的劳动惋惜不已，应该找到正确的方向，加紧前行。

因此，办事前一定要三思，你该往哪个方向走。人们往往是有了沉没成本就想投入更多，期望在原来的方向上有所挽回。这也是不对的，只会让你越陷越深，不能自拔。

对管理者来说，把握正确的方向就更加重要了。优秀的管理的前提就是为下属提供正确而明确的方向。

要找出问题的关键

有一天动物管理员们发现袋鼠从笼子里跑了出来，于是开会讨论，一致认为是因为笼子的高度过低。于是他们决定将笼子的高度由原来的一米加高到二米。结果第二天他们发现袋鼠还是跑到外面来，所以他们决定将高度加到三米。

没想到隔天居然发现袋鼠全都跑了出来，于是管理员们大为紧张，于是一不做二不休，将笼子加高到十米。

一只长颈鹿和袋鼠在闲聊。

"你们看，这些人会不会再继续加高你们的笼子？"长颈鹿问。

"很难说,"袋鼠们说,"如果他们继续忘记关门的话。"

很多人做事情并没有抓住事情的核心问题,做了很多无用功。

立即行动才不会延误

有智慧的人做事绝不匆忙,也不拖沓,他不莽撞,也不踌躇。他做事总是有条不紊,不慌不忙,没有积压,绝不拖延。

从钟表的运行当中,我们可以学到做人做事的道理。

钟表能够准确地计算时间,有智慧的人也应该如此。无论一个人能活多么长,生命总是短暂的。我们应该像钟表一样,精确地计算时间,好好计划生活和工作。好的钟表分秒不差,十分准确。一个人要能守时,工作才能有效率和效果。我们等人所浪费的时间是十分惊人的。有人说"守时是高贵的礼貌"。浪费自己的时间已经不好,浪费别人的时间尤其坏。

我们可以遵循以下一些信念来培养绝不拖延的做事原则。

1. 做个主动的人。要勇于实践、做个真正在做事的人,不要做个不做事的人。

2. 不要等到万事俱备以后才去做。永远没有绝对完美的事。预期将来一定有困难,一旦发生困难,就立刻解决。

3. 创意本身不能带来成功,只有付诸实施时创意才有价值。

第一章 做事重在精准到位

4. 用行动来克服恐惧，同时增强你的自信。怕什么就去做什么，你的恐惧自然会立刻消失。你试试看就明白了。

5. 自己推动你的精神，不要坐等精神来推动你去做事。主动一点，自然会精神百倍。

6. 时时想到"现在""明天""下礼拜""将来"之类的句子跟"永远不可能做到"意义相同，要变成"我现在就去做"。

7. 立刻开始工作。不要把时间浪费在无谓的准备工作上，要立刻开始行动才好。

8. 态度要主动积极，做一个改革者。要自告奋勇去改善现状，要自动承担工作，向大家证明你有成功的能力与雄心。

做事一定要有序化

做事遵循有序化的原则是一种非常理性的做事信念。它包括对事情顺序的合理安排、对时间的严格分配等。而不会出现像多动症患者一样，东一榔头，西一棒子，弄得"满地鸡毛"。

做事有条不紊有许多好处。

1. 让我们非常明白自己的做事逻辑。

2. 对完成的事和未完成的事有明确的概念，从而不至于重复工作。

3. 有利于随时做出经验总结，让接下去的事做得更好。

4.让自己有成就感和一步步逼近目标的兴奋感。这样会提高工作热情。

客人来了,要泡茶,这就要洗茶杯、找茶叶、烧开水。而完成这件事可以有各种不同的顺序:

找茶叶—洗茶杯—烧开水;

洗茶杯—找茶叶—烧开水;

找茶叶—烧开水—洗茶杯;

洗茶杯—烧开水—找茶叶;

烧开水—找茶叶—洗茶杯;

烧开水—洗茶杯—找茶叶。

前面两个顺序最费时,最后两个顺序效果好。可不是吗?等洗茶杯与找茶叶这两件事做完后才想起烧开水,就费时了。如果先烧开水,在烧水的同时洗杯子、找茶叶,效果就好多了。

统筹做事往往能达到事半功倍的效果。泡茶只是一件很小的事,对于步骤更加多的事,需要我们进行更细致的分析,找出联系和简便的做事次序。

做事也要简单化

找出要做的事情的头绪。以购物为例,出发前,尽量先别想这事会多麻烦。相反,先看一看你的记事板,列出购物清单。这样做完后,你可以给自己一个鼓励,毕竟你比刚才前进了一步。接着,带上袋子和其他东西去购物。路上,你要想着自己已经做好了购物准备,要尽量避免思考在商场里购物可能遇到的麻烦。到了商场,慢慢地逛,直到把购物清单上的物品买完为止。

这听起来似乎有点像按方抓药。从某种角度来说是这样的。核心问题是不要被诸如"太麻烦了,我无法应付"之类的观念所干扰。研究表明,抑郁的时候,我们丧失了制订计划、有条不紊做事的习惯,变得很容易畏难。对抗抑郁的方式,就是有步骤地制订计划。尽管有些麻烦,但请记住,你正训练自己换一种方式思维。如果你的腿断了,你将学会如何逐渐地给伤腿加力,直至完全康复。

精准做事 | JINGZHUN ZUOSHI |

问你自己到位了吗

一辆载满乘客的公共汽车沿着下坡路快速前进着,有一个人在后面紧紧地追赶着这辆车子。一个乘客从车窗中伸出头来对追车子的人说:"老兄!算啦,你追不上的!"

"我必须追上它,"这人气喘吁吁地说,"我是这辆车的司机!"

有些人必须非常认真努力,因为不这样的话,后果就十分悲惨了!然而也正因为必须全力以赴,潜在的本能和不为人知的特质终将充分展现出来。

做事情的时候,我们能真正做到像这位追赶车子的司机一样投入,自己首先到位吗?不要把做事老看成是在帮别人做,要把自己当成司机,在追赶自己的车子。这样才能真正把自己的才能发挥出来,把事情办好。

积极建造自己的生活

有个老木匠准备退休,他告诉老板,说要离开建筑行业,回家与妻子儿女享受天伦之乐。

老板舍不得他的好工人走，问他是否能帮忙再建一座房子。老木匠说可以。但是大家后来都看得出来，他的心已不在工作上，他用的是软料，出的是粗活。房子建好的时候，老板把大门的钥匙递给他。

"这是你的房子，"他说，"我送给你的礼物。"

他目瞪口呆，羞愧得无地自容。如果他早知道是在给自己建房子，他怎么会这样呢？现在他得住在一幢粗制滥造的房子里！我们又何尝不是这样？我们漫不经心地"建造"自己的生活，不是积极行动，而是消极应付，凡事不肯精益求精，在关键时刻不能尽最大努力。等我们惊觉自己的处境，早已深困在自己建造的"房子"里了。把你当成那个木匠吧，想想你的房子，每天敲进去一颗钉，加上去一块板，或者竖起一面墙，用你的智慧好好建造吧！你的生活是你一生唯一的创造，不能抹平重建。即使只有一天可活，那一天也要活得脚踏实地。

学会将小事变成大事

有一个三只钟的故事总在这时候给我启迪。

一只新组装好的小钟放在了两只旧钟当中。两只旧钟"嘀嗒""嘀嗒"，一分一秒地走着。

其中一只旧钟对小钟说："来吧，你也该工作了。可是我有点担心，你走完三千两百万次以后，恐怕便吃不消了。"

"天哪！三千两百万次？"小钟吃惊不已，"要我做这么大的事？办不到，办不到。"

另一只旧钟说："别听他胡说八道。不用害怕，你只要每秒钟'嘀嗒'摆一下就行了。"

"天下哪有这样简单的事情？"小钟将信将疑，"如果这样，我就试试吧。"

小钟很轻松地每秒钟"嘀嗒"摆一下，不知不觉中，一年过去了，它摆了三千两百万次。

每个人都希望梦想成真，成功却似乎远在天边、遥不可及，倦怠和不自信让我们怀疑自己的能力，放弃努力。其实，我们不必想以后的事，一年，甚至一个月之后的事，只要想着今天我要做些什么，明天我该做些什么，然后努力去完成。就像那只钟一样，每秒钟"嘀嗒"摆一下，成功的喜悦就会慢慢浸润我们的生命。

心无旁骛才能把事做好

瓦伦达是美国一个著名的高空走钢索表演者，在一次重大的表演中，不幸失足身亡。他的妻子事后说，她预感他要出事，因为他上场前总是不停地说，这次太重要了，不能失败。而以前每次成功的表演前，他只想着走钢索这件事本身，并不去管这件事可能带来的后果。后来人们就把这种专心致志于做事本身,而不去管这件事的意义如何、不患得患失的心态叫作"瓦伦达心态"。

凡事先行动起来的一个好处,即容易形成"瓦伦达心态"。因为一旦进入行动状态后,人们就来不及多想,就等于被逼上梁山,背水一战,只有一条路走到黑,这样反而容易成功。因此,无论是走在地狱还是天堂,都应抱着"走自己的路,让人们去说吧"的心态,只有这样才能向着目标心无旁骛地前进,这是每一个成功人士必备的素质。

永远要做得比要求的更好

伯爵表公司理念:永远要做得比要求的更好。

陈安之:永远要做得比要求的更多、更好。

任何市场都将变为两匹马的竞争。营销专家里斯认为,当你对市场进行考察时会发现,市场上将形成两家大公司进行竞争的局面——其中一家生产可信赖的老牌号产品,另一家则为后起之秀。只有那些在市场上数一数二的公司,才可能在日益激烈的国际竞争中获胜。

"第一"胜过"更好"。创造一种新产品,在人们心目中先入为主,比起努力使人们相信你可以比产品首创者提供更好的产品要容易得多。

有一首歌的歌词这么说:"世间自有公道,付出总有回报。说到不如做到,要做就做最好。"这是一种带着完美主义的做事态度。这种态度让做事的人产生一丝不苟的态度。人们对第一印象深刻，对第二、第三却没有兴趣。我们能记住世界上最高的山峰，但对第二高的山峰却印象淡薄；我们能记住中国最高的人，却不在乎谁是第二高的人。顾客永远是对的，我们无权责备他们。我们自己不也如此吗？

在有限时间内做重要的事

我们做事都是有时间限定的，没有无限时的工作。时间价值也是不可估量的。在战场上，时间就是生命。提前占领目的地就会少牺牲很多人；谁最先发动攻击谁就处在了优势制胜的地位；晚了一秒开枪，就成了敌人的俘虏……在商场上，时间就是商机。谁最先推出产品谁就占领了市场，谁最先退出市场谁就避免了股价的下跌所造成的损失……还有，医生要以最短的时间抢救病人，否则就像他杀了那个人一样有罪恶感……

时间意识在做任何事的时候都是不可缺少的。"定时"是技术时代日常生活的一大突出特征。早起、上班、工作、下班，都被仔细地定时，你不能出差错。整个社会就好像一台庞大的机器，它在时间的指挥下有条不紊地运转。如果有哪一个部件、哪一个环节不听指挥，那么机器就不能正常运转。

把短时间完成任务作为做事的原则会让你有几大优势。

第一是为自己节省时间也为别人节省时间。尤其在服务领域，时间是服务质量的一个重要衡量标准。大家都是如此珍视时间，以至于你在做事的时候若占用别人稍微多一点的时间，就会让你的服务满意度大打折扣。

第二是使你的价值提升。一个参加工作的人把每月的月薪和整月的时间相核算，就能算出你一小时的价值。时间和金钱成为一个恰当的比例关系，时间可以换来金钱，而金钱也可以换回我们学习的时间。

第三是让你成就更多事。我们经常听人说"我很想做一件事，但没时间""如果给我时间，我就会完成这件事"。像这样声称自己没时间的人，你可以问他："一个月你没有上过厕所吗？没吃过一顿饭吗？"时间本身并不是有和没有的问题，而是你抽出和不抽出、寻找与不寻找的问题。这就是时间寻宝。我们通过这样的方式寻找的时间可能是零碎的时间，因此，我们就要利用这些零碎时间做一些小的事情，这样可以使我们所做事情的数量增加。时间管理的技巧就是能够在一段有限的时间内做最重要的事情。

充分利用好零碎的时间

争取时间的唯一方法是善用时间。

把零碎时间用来从事零碎的工作，从而最大限度地提高工作效率。

精准做事 | JINGZHUN ZUOSHI |

比如在车上时，在等待时，可用于学习，用于思考，用于简短地计划下一个行动，等等。充分利用零碎时间，短期内也许没有什么明显的感觉，但积年累月，将会有惊人的成效。

为后世留下诸多锦绣文章的宋代文学家欧阳修认定：

"余平生所做文章，多在三上，乃马上、枕上、厕上也。"

看来，零碎的时间实在可以成就大事业。

三国时董遇读书的方法是"三余"：

"冬者岁之余；夜者日之余；阴雨者时之余。"即要充分利用寒冬、深夜和雨天，别人歇手之时发奋苦学。并认为"三余广学，百战雄才"。

而鲁迅先生，则"把别人用来喝咖啡的时间都用在了写作上"。

滴水成河。用"分"来计算时间的人，比用"时"来计算时间的人，时间多59倍。黑川康正经营黑川国际法律会计事务所，他的家离最近的车站不到十分钟路程，所以养成了步行的习惯。但是上车之后，通勤需两小时到达办公室，所以他大力倡导时间通勤法，也就是避开高峰塞车时间，比平常早一小时出门。

至于选择座位，他通常选择连接器旁边的座位，也就是一个人们移动较少的角落，以便可以集中注意力，冷静地看些报纸和读书，实在不行背靠着门站着也能看些资讯。由于在车上有时要写点东西，他还经常把笔记本当作垫板来使用，并且建议用免削铅笔、圆珠笔及色笔，把它们放在胸前的口袋里。黑川康正的许多著作都是在通勤时完成的。他细述步骤如下：第一，搭车时遇有座位，立即取出文具，准备写稿；第二，将所想到的事情一字不漏地写下来，下车后再整理；第三，一边走一边用录音机将脑海里想起的文章录下来。到达办公室后,交给秘书打字,在下班通勤时润色、修改。

先做人,再办事

有人说,人类最珍贵也最基本的品格就是正直了。正则"品"端,直则"人"立。人们择友要看人品,考察干部要看人品,聘员工要看人品,娶妻嫁夫要看人品,选合作伙伴要看人品……"人品"对于人类社会之举足轻重的地位,使人品端正的"正直"之重要不言而喻。

然而,有人会以一句"咱是一个俗人"来堂而皇之地遮掩远离正直的心态。保存正直无疑是对自身的一种挑战,是一种灵魂上的超越。面对名利的诱惑、生活的压力、难以名状的虚荣心,以正直直立于人世间并非易事。但是,正直不是入乡随俗的无奈,也不是寄人篱下的感伤,更不是随遇而安的过客,而应当渗透在为人处世的方方面面。行为管理和沟通艺术在日后的工作中是可以学的,而一颗正直的心却是无价的。《麦肯锡方法》讲的一个核心问题就是三条基本原则,第一条是以事实为基础,第二条是逻辑性的思维,第三条就是正直。正直做事在犹如战场的商场上也是应该提倡的。

例如,做市场,就是做人做事的统一。销售就是卖品质,销售企业诚信、个人诚信。一个人失去了诚信,也就失去了道德,失去了信任与信用。这种失去不仅仅是个人的,也是企业的,更是家庭的。一个销售经理对市场没有诚信,自谋私利,将在市场上、在社会上寸步难行。只有施惠于人才能受惠于人,这是市场永远不变的法则,也是做人与做事的统一。一个优秀销售经理除了需要"诚信"做人以外,还需要"忠诚、诚实、正直"做事。

会说话才能把事情办好

说话和做事是可以分开的。孔子说:"邦有道,危言危行;邦无道,危行言孙。"意思是国家政治清明,正直地说话,正直地做事;国家政治黑暗,正直地做事,说话却要谨慎。政治清明时说话办事都无所顾忌,可以畅所欲言,放心做事。政治黑暗时则需要有所顾忌,尤其是说话,往往祸从口出,招致危害。这是孔子教给我们的处世艺术。不是滑头,而是生活的经验、保全自己的基本原则。在我们遇到管理不善或者与自己的做事原则相悖的情况时,我们仍旧要保持自己正直的做事原则,并以更加有技巧的方式让这原则贯彻下去。只有这样我们才不会在做事的过程中迷失方向,才能以正确的态度把事情做到位。

做事别越位

古时最著名的两个暴君，一个是夏朝亡国之君夏桀王，杀了大臣关龙逄，一个是商朝亡国之君殷纣王，杀了叔父比干。这两位贤臣之所以被害，是因为他们都努力修身，尽心治国，以臣僚的身份去安抚君王的百姓，越位了，惹得君王不高兴。两位贤臣有高尚的品格，映照出桀、纣的丑恶，所以非被干掉不可。

在官场上君臣之间、臣臣之间进行着权力游戏，企图相互制衡。在职场上人性同样不会改变。做事时，要为自己定好位。哪些该做，哪些不该做，应该心中有数。有的人觉得别人的事给他来做才能做好，才能表现一番，便抢别人的路。这样不仅不能把本职工作做好，反而会显示出自己的花花肠子，事事不能专心去做，一事无成。

做事别错位

踢球不能把球踢到自己的球门里面去，吃饭不能把饭往鼻子里面送，穿鞋不能把右脚套到左脚的鞋子里面去。做事错位了，就和这些看起来傻乎乎的小事一样可笑。

例如在谈判的时候，我们必须坚持自己的立场，必须站在我方的位置上说话。我们可以进行换位思考，可是不能弄错自己的位置。并且每个人都不应多说话，以免说的话超出了自己该说的范围，让对方掌握更多的把柄，导致自己的谈判失败。做事的时候，我们应该找准自己的位置和对方的位置。

找到自己的梦想乐园

乔治·肖伯纳有过这样一段名言："征服世界的将是这样一些人：开始的时候，他们试图找到梦想中的乐园，最终，当他们无法找到时，就亲自创造了它。"

只有当我们为自己找到了一个位置，我们才能在自己的坐标世界里朝某个方向前进，做事才有自己的原则和准则。任何事情都不应该过了我们的底线。在此基础上，我们付出努力，最终到达所认定的那个位置，那将是人生的巅峰。

从身边的一点一滴开始做，只有为自己现在和下一步找准了位置，我们才能搭上通往梦想的列车。

第二章 用心的态度不可或缺

YONGXIN DE TAIDU BUKE HUOQUE

> 认真做事只是把事情做对,用心做事才能把事情做好。
>
> ——《赢在职业化》

态度决定一切

米卢曾说过:"态度决定一切!"是的,人在做事情之前,就已经知道了事情的结果。凡成大事者,都有出人头地的想法,都有强烈成功的欲望,它是所有成就的催化剂。当信心与思想结合时,潜意识中的心灵便立即接受到震波,然后将震波转化为精神的对等物,再将精神的对等物传达给"无穷的智慧"。

遭遇困境要更加经得起摔打。没有挫折,成功是不堪一击的。厄运往往是命运的起点,压力是强者的推动力。完善个性,用良好的心态应对一切;平时乐观、进取、开朗。多发展积极的心态:信心、希望、诚实、爱心和踏实;多避免消极的心态:悲观、失望、自卑、虚伪和欺骗。不怕丢面子,才能争面子。决不让消极的情绪"缠绕"自己,愤怒是无知的表现。也要切记不要让嘲讽把自己吹倒。每天换一个大脑,用热忱代替冷漠。

良好的心态,就是拥有良好的自信心。一个充满自信心的人,往人群里一站,给人的感觉是不一样的。你要成功吗?你能成功吗?先问问你自己,你相信什么?你的心里有没有成功者应该具备的信念和信仰?有了这些,你就能把要做的事情坚持到底,取得成功。

冷眼观物，小心从事

堵车堵得厉害，交通指挥灯仍然亮着红灯，而时间很紧。你烦躁地看着手表的秒针。

终于亮起了绿灯，可是你前面的车子迟迟不启动，因为开车的人思想不集中。你愤怒地按响了喇叭。那个似乎在打瞌睡的人终于惊醒了，仓促地挂上了一挡。而你却在几秒钟里把自己置于紧张而不愉快的情绪之中。

做事时要以冷静的态度来面对事情，要小心从事，不要轻易表露自己的刚直。

理查德·卡尔森的一条黄金规则是："不要让小事情牵着鼻子走。"他说："要冷静，要理解别人。"

他的建议是：

表现出感激之情——别人会感觉到高兴，你的自我感觉会更好；

学会倾听别人的意见，这样不仅会使你的生活更加有意思，而且别人也会更喜欢你；

每天至少对一个人说，你为什么赏识他；

不要试图把一切都弄得滴水不漏，只要找，总是能找到缺点的，这样找缺点，不仅会使你，也会使别人生气；

不要顽固地坚持自己的权利，这会花费许多不必要的精力；

不要老是纠正别人；

常给陌生人一个微笑；

不要打断别人的讲话；

不要让别人为你的不顺利负责，要接受事情不成功的事实——天不会因此而塌下来；

请忘记事事都必须完美的想法，你自己也不是完美的，这样生活会突然变得轻松得多。

如果抑制不住生气呢？这时你要问自己：一年后生气的理由是否还那么重要？这会使你对许多事情得出正确的看法。

坦诚第一，以诚待人

诚信就是诚实而有信用，也是忠诚信义的概括，它要求人们诚善于心，言行一致。诚就是表里如一，说老实话，办老实事，做老实人；信就是信守诺言，讲信誉，重信用，忠实履行自己承担的义务。"诚实"与"守信"是等价的。诚信是人生的宝贵财富。微软在雇用员工的时候，被列在第一位进行考察的是一个人的 professionalism（职业道德）。与智慧、经验等因素相比，微软认为人品最重要。"只有雇用到值得信任的员工,我们才会给予他充分的自由度。"微软在解释"职业道德"时,用了三个词汇: integrity(正直), honesty(诚实), trustworthiness(值得信赖)。

实际上,在美国,职业道德是各公司普遍接受的观念,并不只是微软特别强调职业道德。但这个概念之所以在中国比较新,是因为我们的市场经济发展得还不够成熟。

从长远的观点来看,没有良好的品性就没有财富。我们华人之中也有做得非常出色的。李嘉诚不仅是财富超人,而且被誉为诚信超人。

香港超人李嘉诚,在创业初期资金极为有限。一次,一位外商希望大量订货,但他提出需要富裕的厂商作保。李嘉诚努力跑了好几天,仍一无着落,但他并没有捏造事实,或是含糊其词,而是一切据实以告。那位外商深为他的诚信所感动,对他十分信赖,说:"从阁下言谈之中看出,你是一位诚实君子。不必其他厂商作保了,现在我们就签约吧。"

虽然这是个好机会,但李嘉诚感动之余还是说:"先生,蒙你如此信任,我不胜荣幸。但我还是不能和你签约,因为我资金真的有限。"外商听了,极佩服他的为人,不但与之签约,还预付了货款。这笔生意使李嘉诚赚了一笔可观的钱,为他以后的发展奠定了基础。由此,李嘉诚也悟出了"坦诚第一,以诚待人"的原则,并获得了巨大成功。

|第二章| 用心的态度不可或缺

成功来自诚信

叶正明先生曾经只是一个做副食生意的小商贩，但现在他已是武汉华明达投资有限公司董事长。公司注册资产达1亿，谈起创业的经历，叶正明说，成功来自诚信。

1999年，叶正明开了一家房产中介所，但收益不大。一次偶然的上海之旅让他看到两地房地产中介业的差距，上海规范成熟的房地产中介市场给了他很大启发。

2000年11月，叶正明将仅有的房子抵押，东拼西凑了20万元资金注册了一家房产咨询公司，由此开创了一条新的经营道路。

为打出"诚信"牌，叶正明首先建立了较完善的服务系统，为客户建立档案，进行长期的回访。他还要求员工对每次的租赁、交易都做详细的记录，规范操作，以取得客户的信任。

一次，一位客户亟需买台北路上一套价值5万元的两居室，叶正明一天中带着客户跑了80多个楼层，几经周折终于让客户满意。还有一次，在买卖双方都已经谈妥的情况下，卖方却突然单方面撕毁合同。为了公司诚信为本的声誉，在卖方还没有交违约金也没有得到卖方任何答复的时候，叶正明先垫付了给买方的违约金，保护了公司诚信为本的声誉。叶正明说，公司损失一点钱是小事，而丧失诚信的名誉却是大事。

用更健康的暗示来帮助自己

人的心理具有某种神秘的力量,要敢于探索你的心理力量。

你的心理有两部分:有意识心理和下意识心理。二者相伴相随。

"自动暗示"和"自我暗示"是同义语。它自动从下意识心理把信息发送到有意识心理,并发送到身体的若干部分。

"我各方面的情况都日益好转!"多次、迅速而有感情地重复这句自我暗示语句,就会影响下意识心理,并使它发生反应。

你能用健康的、积极的暗示来帮助你自己,也能阻止有害的、消极的暗示。

学会使用适当的暗示去影响别人。学会应用正确的有意识的自动暗示。做到了这两点,你就能在生理、心理和道德上取得优势,并在做任何事的时候都具备一种走向成功的心态和动力。

花谢见果子的启示

积极心态能使一个懦夫成为英雄,从心志柔弱变为意志坚强。在人的本性中,有一种倾向:我们把自己想象成什么样子,就真的会成为什么样子。在看待事物时,应考虑生活中既有好的一面,也有坏的一面,但强调好的方面,就会产生良好的愿望与结果。

有这样一则故事。

古时有一位国王,梦见山倒了,水枯了,花也谢了,便叫王后给他解梦。王后说:"大势不好。山倒了指江山要倒;水枯了指民众离心,君是舟,民是水,水枯了,舟也不能行了;花谢了指好景不长了。"国王惊出一身冷汗,从此患病,且愈来愈重。一位大臣要参见国王,国王在病榻上说出他的心事,哪知大臣一听,大笑说:"太好了,山倒了指从此天下太平;水枯指真龙现身,国王,你是真龙天子;花谢了,花谢见果子呀!"国王全身轻松,很快痊愈。

为什么不反过来想

　　有这样一个老太太,她有两个儿子,大儿子是染布的,二儿子是卖伞的,她整天为两个儿子发愁。天一下雨,她就会为大儿子发愁,因为不能晒布了;天一放晴,她就会为二儿子发愁,因为不下雨二儿子的伞就卖不出去。老太太总是愁眉紧锁,没有一天开心的日子,弄得疾病缠身,骨瘦如柴。一位哲学家告诉她,为什么不反过来想呢?天一下雨,你就为二儿子高兴,因为他可以卖伞了;天一放晴,你就为大儿子高兴,因为他可以晒布了。在哲学家的开导下,老太太天天都是乐呵呵的,身体自然健康起来了。

办事要保持积极的心态

　　美国成功学学者拿破仑·希尔关于心态的意义说过这样一段话:"人与人之间只有很小的差异,但是这种很小的差异却造成了巨大的差异!很小的差异就是所具备的心态是积极的还是消极的,巨大的差异就是成功和失败。"

做事时如果保持积极的心态，我们就会获得许多力量让我们把事做好。

第一，积极的心态能产生自我暗示，并且积极地影响身边的人。美琳凯公司使无数的女性摆脱了无所事事和人生的低谷，在直销行业，每个人都是自己的老板。员工相互鼓励时最常说的就是："你是最棒的！"这种语言表达出来的心理暗示无疑给那些女性带来了一种积极的心态，让她们不断努力，攀向人生另一个高峰。

第二，积极的心态能让我们产生立刻行动的激情。要当机立断地处理事情，需要这种激情和冲动。心理"近视"的人往往看不到远方的事物和情景，不能立刻采取行动。这样他就会丧失很多机会。假定你把闹钟定在上午6点。然而，当闹钟响时，你睡意仍浓，于是起身关掉闹钟，又回到床上去睡。久而久之，你会养成早晨不按时起床的习惯……只要他能像心理"远视"的人那样从远处出发，马上行动，他就能把握住做事情的机会，而不会让时间匆匆溜走。

第三，学会使用适当的暗示去影响别人，学会应用正确的有意识的自动暗示。做到了这两点，你就能在生理、心理和道德上获得健康、幸福和成功。拥有积极心态的人在生活中是非常有感染力的，他们会形成一种向上的氛围，促使身边的人也变得积极起来，培养一种积极的生活态度。

让办事的信念引导着我们

能力从何而来？能力来自态度。态度正确，能力自然提高。态度源于信念。正确的信念，产生正确的态度。

美琳凯公司的核心企业文化之一就是生活优先次序：信念第一，家庭第二，工作第三。许多时候，我们并不知道自己的努力是否有结果，登山运动员也不知道自己是否能攀上顶峰，你也不知道下一个顾客会不会接受你。因此，信念显得尤为重要。它是由人们的信心和坚韧产生的。

就是这信念能使人们创造一个又一个的奇迹，做让自己都难以相信的事情。它深藏于人们的内心，影响着人们的潜意识，引领着人们的前进。它为人们壮胆，为人们吹响号角。

不要让自卑战胜了自信

自卑是人生最大的跨栏，每个人都必须成功跨越才能到达人生的巅峰。

第二章 用心的态度不可或缺

当我们还是孩子的时候，自卑就时时跟随着我们，一步一步地侵蚀我们的勇气和信心。你有时会忧虑同伴看不起你，存心隔离你、孤立你；当你读书的时候，你会怀疑自己的能力，总觉得自己的能力略逊一筹，虽经不懈努力，成绩还是不能拔尖，于是你就自暴自弃，放任自流，你开始害怕见到老师，在同学面前你抬不起头，渐渐地你变得孤独、不合群；当你步入社会，你会无端猜测别人对你不怀好意，埋怨领导对你不器重，感叹世态炎凉，社交缺乏勇气，见人就脸红、心跳、惶惶不安，以致回避社交，不敢见人；当你出来工作的时候，你会处处感觉到压力的存在，样样不顺心，面对困难你会无从下手、无所适从；当你恋爱时，你会过分关注你自己的表现，你会很在乎对方对你的评价，你会怀疑自己的魅力，担心被对方抛弃，害怕错过这次机会以后情况会更糟；等到你步入婚姻的殿堂，你却莫名其妙地怀疑起自己的性能力和生育能力。自卑就像昨晚的噩梦一样让你生活得无精打采。

对人影响最大的心理缺陷是不自信。社会越向前发展，缺乏自信的人就越不适应。你对自己的自信水平是否了解？对下面的问题你是否同意？如果你的否定答案超过5个，说明你的自信度低，易于嫉妒他人。

——成就不是我的主要目标。

——对我来说，做一个谦和宽厚的胜利者与取胜同样重要。

——我肯定会有成就的。

——他人的成功不会阻碍我的成功。

——我所做的工作本身有着价值，我并不是为了奖赏而工作。

——我有自己独特的、其他任何人不具备的优点。

——失败不能影响我的真正价值。

——我对自己的评价不受别人的观点左右。

——我相信我有应对困难的能力。

——我很少对自己有消极的想法。

——我正在尽可能地充分利用我的才干与能力。

对于自信，美国杰出的企业家杰克·韦尔奇给予了极大的重视，甚至他把"永远自信"列入了美国能够领先于世界的三大法宝。而培养企业员工自信心的办法就是放权与尊重："掐着他们的脖子，你是无法将自信注入他们心中的。你必须松手放开他们，给他们赢得胜利的机会，让他们从自己所扮演的角色中获得自信。"

我们要在哪里找到自信呢？我们不用像唐僧到西天取经一样要历经无数的劫难，我们的自信就在自己的体内。自信是一种天赋，是一种与生俱来的自然力量，它与自我实现同属人性最伟大的潜能，只是在成长过程中不幸被磨难侵蚀、被恐惧削弱了，通过训练，它完全可以重放光芒。

找回你的自信

通过以下的方法让我们来试着找到自信。

1. 了解自己的优点和缺点。找些小卡片，把它们分成两种颜色：一种代表优点，另一种代表缺点，每张卡片写一个优点或缺点。然后检验一下哪个优点还没发挥，怎么去发挥这个优点；哪个缺点是你可以不在乎且可以忽略的，把这些可以忽略的、不在乎的缺点丢掉。这样做你就不会过分保护自己；然后你会发现自己的优点比缺点多。这样做能使你集中发挥自己的优点，克服自己的缺点。

2. 把注意力集中在自己的优点上，不要总想着自己的缺点。发挥所长，工作自然会有出色的表现。而自己的成绩无论大小，都能增强你的自信心。

3. 不要过多地指责别人。如果你常在心里指责别人，这种毛病就可能成为习惯。应逐渐地克服这种缺点，总爱批评别人是缺乏自信的表现。

4. 自我欣赏与自我激励。把你曾经妥善完成的工作或骄傲成就，清楚地列于纸上，来一个自我欣赏。这时，你将发觉自己突然勇气百倍，确信自己的办事能力胜人一筹。有时候你感觉明显的事情，其他人不一定注意得到。当你在众人面前讲话感到面红耳赤时，你的听众可能只是看到你两腮红润，令人愉快不已。事实上你的窘态其他人是很难发现的。

5. 与欣赏你的朋友保持紧密联系。由于他们了解你，对你有信心，一旦你对自己的能力感到怀疑时，他们就会针对性地做些工作，使你不至于丧失把事情完成的决心。

6. 在失败与错误中汲取教训。失败也是好事。学习从失败与错误中汲取教训，可以增加智慧，增加反败为胜的机会。你要勇敢地正视它们，以积极的态度寻找应变的办法。

7. 认定目标，坚持到底。无论你采取什么样的自信方式，都贵在坚持。

认定目标，走你自己的路，你一定能获得成功。

8. 把你走路的速度加快 25%。身体动作与心灵活动能相互影响。使用这种"走快 25%"的技术，可助你建立信心。抬头挺胸走快一点，你就会感到自信心在增长。

9. 有话大声说。害羞的人说话都很小声，不妨把你的音量提高，你就会更加相信自己有权说话。

10. 开怀大笑。笑不但能增寿，还能添智，它是治疗信心不足的良药。挫折、失败往往使人愁眉苦脸，但你若尝试大笑，就可以增强信心，驱除恐惧、忧虑和沮丧。张开嘴巴，开怀大笑，你会觉得"美好的日子又来了"。

关注巅峰的背后

做任何事如果不努力，梦想只会成为空想。

日本最成功的企业家之一松下幸之助说："我小时候，在学徒的七年当中，在老板的教导之下，不得不勤勉从事学艺，也不知不觉地养成了勤勉的习性，所以他人视为辛苦困难的工作，我却不觉得辛苦，甚至有人认为'太辛苦了'的工作，在我看来，只不过是认真工作而已，所以我与他的看法，自然就有差异了。我青年时代，始终被教导要勤勉努力，此乃人生之一大原则。事实上，在这个社会里，勤勉努力的习性，不太

第二章 用心的态度不可或缺

被人称赞是尊贵或者伟大，也不会被认为很有价值，因此，我认为大家应该无所顾忌地提升对具有这种良好习性者的评价，这样才算真正对勤勉习性的价值有所认识。"

好莱坞演员阿诺德·施瓦辛格是一位瘦削的少年，但他下决心练习举重运动，每周三次去当地的体育馆，每天晚上还要在家里训练几小时，直到精疲力竭为止。今天，这位前健身冠军成了娱乐业中最富的人之一。

当康道利扎·赖丝上中学时，人们告诉她考试成绩表明她求学不会有什么前程。但她不信这一套，以祖父和外祖父为榜样来激励自己（他们其中一人同时干三种工作来养家，另一人克服重重困难于1920年完成了大学学业），全身心地投入学业之中，结果，15岁就考进丹佛大学，19岁以优异成绩毕业并荣幸地进入BK联谊会（美国大学优秀生和毕业生荣誉组织）。赖丝是斯坦福大学有史以来最年轻的教务长，并是担任这种权威职位的第一位女性和第一位非洲裔美国人。

是什么因素使这两个不同类型的人攀上各自领域的高峰？施瓦辛格在接受电视采访时言简意赅地说："勤奋，勤奋！外加不断自我要求和积极的思维。"

在任何领域奋斗，抱负和动力都不可少。不过，从我与运动员、企业主管、艺术家和年轻人一起工作的经验中，我认识到：达到顶峰者并不一定是天资最佳的人，而是肯下苦功夫的勤奋的少数人，他们工作努力，并且不断对自己提出更高的要求。

做好聚焦式工作

一名心理学者的研究证实了"聚焦"式勤奋工作的重要性。1988年，佛罗里达大学的K. 安德斯·埃里克森和他在德国的同事们比较了两组青年音乐家的成长过程，第一组的10人被鉴定为具有进入国际水平实力的人才，第二组的10人仅仅达到"良好"。埃里克森又另外选择了10名已经在世界级交响乐团（如柏林交响乐团）供职的小提琴手。两个青年组都保存着本人的近期训练日记——详细记载了用于训练的时间。三组都提供了对本人早期训练时间的估计数字。

埃里克森发现：在青年音乐家中，到20岁时，良好组人均训练7500小时，而优秀组高达10000小时——相当于整整一年的训练，结果造成了埃里克森比喻的"大学一年级生和三年级生的区别"。此外，他还发现优秀组的训练时间总和，与那些交响乐团小提琴手在相同年龄的训练时间总和不相上下。

当然，勤奋不等于苦熬，不动脑子，只是驱使自己一刻不停地干，只会榨干人的精力才智；时间重要，但不能决定一切，要想使你的努力得到报偿，你还需要讲求效益。下面是几个诀窍。

要牢记自己做事的目标。不要为了勤奋而勤奋，这样不过是心理安慰。勤奋努力不像做善事——本身会产生报偿，你必须明确奋斗方向，及早制定目标，然后全力以赴去实现它。

科罗拉斯普林市心理学家加里·弗里斯特在开业门诊的同时写了14本书。那是因为他建立了"把写作放在首位"的日常时间表。每个周一，他从上午9点写到11点30分，然后跑步和吃中饭，再回到写字台前干到下午4点，从不因接电话、出差或做家务打断这项工作。每周他还要像这样写两三天，但周一是他最看重的——雷打不动，因为他为一周的工作定了基调。

事实说明：时断时续、信马由缰式的"勤奋"不会有好效果。要想出成绩，必须做到时间固定、雷打不动、确保实效。

一只特殊的玻璃杯

德国著名的思想家歌德说过：只有两条路可以通往远大的目标，得以完成伟大的事业——力量与坚韧。力量只属于少数得天独厚的人；但是苦修的坚韧，却艰涩而持续，能为最微小的我们所用，且很少不能达到它的目标，因为它那沉默的力量，是随时间而日益增长的不可抗拒的强大力量。

一个农民，初中只读了两年，家里就没钱继续供他上学了。他辍学回家，帮父亲耕种三亩薄田。在他19岁时，父亲去世了，家庭的重担

精准做事 | JINGZHUN ZUOSHI |

全部压在了他的肩上。他要照顾身体不好的母亲，还有一位瘫痪在床的祖母。

20世纪80年代，农田承包到户。他把一块水洼挖成池塘，想养鱼。但乡里的干部告诉他，水田不能养鱼，只能种庄稼，他只好把池塘填平。这件事成了一个笑话，在别人的眼里，他是一个想发财但非常愚蠢的人。

听说养鸡能赚钱，他向亲戚借了500元钱，养起了鸡。但是一场洪水后，鸡得了鸡瘟，几天内全部死光。500元对别人来说可能不算什么，对一个只靠三亩薄田生活的家庭而言，不啻天文数字。他的母亲受不了这个刺激，竟然忧郁而死。

他后来酿过酒，捕过鱼，甚至还在石矿的悬崖上帮人打过炮眼……可都没有赚到钱。

35岁的时候，他还没有娶到媳妇。即使是离异的有孩子的女人也看不上他。因为他只有一间土屋，随时有可能在一场大雨后倒塌。娶不上老婆的男人，在农村是没有人看得起的。

但他还想搏一搏，就四处借钱买一辆手扶拖拉机。不料，上路不到半个月，这辆拖拉机就载着他冲入一条河里。他断了一条腿，成了瘸子。而那拖拉机，被人捞起来，已经支离破碎，他只能拆开它，当作废铁卖。

几乎所有的人都说他这辈子完了。

但是后来他却成了这座城市里的一家公司的老总，手中有两亿元的资产。现在，许多人都知道他苦难的过去和富有传奇色彩的创业经历。许多媒体采访过他，许多报告文学描述过他。记者问他："在苦难的日子里，你凭什么一次又一次毫不退缩？"

他坐在宽大豪华的老板台后面，喝完了手里的一杯水。然后，他把玻璃杯子握在手里，反问记者："如果我松手，这只杯子会怎样？"

记者说："摔在地上，碎了。"

"那我们试试看。"他说。

他手一松，杯子掉到地上发出清脆的声音，但并没有破碎，而是完好无损。他说："即使有10个人在场，他们都会认为这只杯子必碎无疑。但这只杯子不是普通的玻璃杯，而是用玻璃钢制作的。"

这样的人，即使只有一口气，也会努力去拉住成功的手，除非上苍剥夺了他的生命……

让自己富有热忱的感染力

热忱与内在精神的含义基本上是一致的。一个真正热忱的人，内心的光辉熠熠发光，一种炙热的精神本质就会深深地植根于其内在思想中。

无论是谁心中都会有一些热忱，而那些渴望成功的人的内心世界更像火焰一样熊熊燃烧。这种热忱实际上是一种可贵的能量，用你的火焰去点燃别人内心热忱的火种，那么你又向成功迈进了一大步。

我们可以得出这么一个公式：劳动成果 = 能力 × 热忱（干劲）。

增加你的热忱

在有了热忱以后,怎么把热忱的程度增加五倍、十倍呢?

经过多方研讨,得出了以下的方法。

第一,强迫自己采取热忱的行动,并持之以恒,你就会逐渐变得热忱。拿破仑·希尔曾说:一个人成功的因素很多,而居于这些因素之首的就是热忱。没有热忱,不论你有什么能力,都发挥不出来。

北京王府井百货大楼的张秉贵以服务热情著称。有一次,有个上级领导想了解一下实情,来到柜台前。张秉贵主动问:"请问,您要点什么?"领导做不悦状,回答说:"我有的东西多了,你能给吗?"张秉贵仍然满面笑容,接着问:"您买点什么?"领导又假装不高兴地回答:"我不买东西看看还不行吗?"张秉贵一看自己问话有漏洞,又改口道:"请问您看点什么?" 领导满意地露出笑容。

第二,深入挖掘你的题目,研究它,学习它,和它生活在一起,尽量收集有关它的资料,这样你就会在不知不觉中变得热忱。例如,卡耐基以前对崇拜林肯并不热忱,直到写了一本关于林肯的书以后才改变了这种态度,对他非常热忱地崇拜。对于任何事情,只有在深入了解之后,你才会产生出热情。

热忱是什么？热忱就是将内心的感觉表现出来，挖掘人们对做自己感兴趣的事的兴趣，并打动人们的内心世界。

游子归家中的道理

宽容是人与人相处的秘诀。没有两个人是完全一样的。我们要试着以宽容的心去做事才能团结更多的人。君子善假于物也。在对待同事的时候，需要宽容来化解你们的矛盾，共同做好事情。领导对待员工的时候，也同样需要宽容的心态给他们充分的发展空间。

少有公司像摩托罗拉一样对待所有员工以宽广的胸怀，这是摩托罗拉"真正尊重人才"的企业文化的最好诠释。摩托罗拉不会对任何一位辞职的员工有任何成见，反而会仔细调查清楚他们辞职的原因，尊重他们的意见与决定。摩托罗拉的员工若要辞职，需要填写辞职表格并且进行辞职面试。通过辞职面试，摩托罗拉可以了解到员工离职的原因，并且进行具体分析，总结员工辞职的原因、员工的去向。如果是摩托罗拉公司内部有问题，一定会认真检讨，以此为戒。

——公司是否没有为其提供用武之地？

——公司近来有没有关心他（她）的生活？

——相应的奖励与培训、提升到位了吗？

摩托罗拉的人力资源部会经常打电话询问一些离职员工的情况，与他们保持经常的联系，并欢迎他们再回到摩托罗拉这个温暖的大家庭。摩托罗拉建立有一项制度：如果员工在离职90天内再回到摩托罗拉，他们以前在公司的工龄可以继续沿用。这充分体现出摩托罗拉尊重人才的独特魅力：宽容的企业文化。

《三国志·魏书·郭嘉传》："用人无疑，唯才所宜。"对愿意并勇于"归家"的人才，摩托罗拉仍然予以重任，丝毫不怀疑其忠诚度。而事实也证明，许多离开摩托罗拉后再回来的员工，对摩托罗拉的忠诚度会更高。全球500强之中，摩托罗拉的宽容很具独特性，被称为"摩托罗拉游子归家现象"。

成功者不放弃

对一个职业经理人来说，接管一家濒临破产的公司，需要承担极大的风险。2003年在接管即将破产的朗讯科技公司时，面对考验，帕特丽夏·鲁索喜欢用丘吉尔的一句话鼓励自己：决不、决不、决不放弃！

强硬的谈判风格、雷厉风行的管理作风，包括团队建设和培养员工对公司的忠诚等，鲁索的一系列改革给病入膏肓的朗讯注入一剂强心针。在接管朗讯后的第一个财季，朗讯的亏损额就从一年前的37亿美元下降到4亿美元，毛利润率明显提高，现金流实现由负转正。收益则出现小幅上升。而且从股市传来的消息更令人兴奋：朗讯股票以1.72美元的价格收盘，涨幅达 14%，朗讯公司的管理层和董事会纷纷从市场上大事收购朗讯股票，证券投资商也开始重新调整对朗讯股票的评估。这一切变化都直接鼓舞了投资者的信心。尽管电信市场依旧低迷，但经过艰难的重组，朗讯终于在 2004 年实现了赢利，成为"首家复原的电信公司"。

在做有风险的事的时候，如果自己首先被有可能发生，但还未发生的想象中的失败打倒的话，那么你永远不可能把事情做成功。害怕车祸是正常的，但因为害怕车祸而迟迟不敢过马路是不正常的。

发现自己的金矿

美国田纳西州有一位秘鲁移民，他在此拥有 6 公顷山林。在美国西部掀起淘金热时，他随大潮变卖家产举家西迁，在西部买了 90 公顷土地进行钻探，以期能找到金沙或铁矿。可 5 年过去了，他不仅没找到任何东西，最后连家底也折腾光了。

当他落魄地回到故地时，发现那儿机器轰鸣，工棚林立。原来，被他卖掉的那个山林就是一座金矿，新主人正在挖山炼金。如今这座金矿仍在开采，它就是美国有名的门罗金矿。

一个人一旦丢掉属于自己的东西，就有可能失去一座金矿。在这个世界上，每个人都潜藏着独特的天赋，这种天赋就像金矿一样埋藏在我们平淡无奇的生命中。关键看我们能不能脚踏实地地发挥自己的长处，去经营自己的人生。那种整天羡慕别人的活法而邯郸学步的人，那种总认为财宝埋在别人家园子里的人，是挖不到金子的。

佛塔上的老鼠

一只四处漂泊的老鼠在佛塔顶上安了家。

佛塔里的生活实在是幸福极了，它既可以在各层之间随意穿越，又可以享受到丰富的供品。它甚至还享有别人所无法想象的特权——那些不为人知的秘籍，它可以随意咀嚼；人们不敢正视的佛像，它可以自由上下，兴起之时，甚至还可以在佛像头上留些排泄物。

每当善男信女们烧香叩头的时候，这只老鼠总是看着那令人陶醉的烟气，慢慢升起，它猛抽着鼻子，心中暗笑："可笑的人类，膝盖竟然这样柔软，说跪就跪下了！"

有一天，一只饿极了的野猫闯了进来，它一把将老鼠抓住。

"你不能吃我！你应该向我跪拜！我代表着佛！"这位高贵的俘虏抗议道。

"人们向你跪拜，只是因为你所占的位置，不是因为你！"

野猫讥讽道，然后，它像掰开一个汉堡包那样把老鼠掰成了两半。

很多时候需要一种理智，我们才能正确地评价自己、评价周围的环境。

第三章 做事要讲方法

ZUOSHI YAOJIANG FANGFA

万事离不开方法,世界离不开秩序。

——斯威夫特

| 第三章 | 做事要讲方法

打靶要对着靶心

　　天下的事是永远做不完的，最难的不是知道做什么，而是知道不做什么。就像打枪射箭一样，只有集中在靶心才有好成绩。打靶的人说，当进入状态时，就会觉得靶心越来越大，找到靶心太重要了。当年微软提出计算机将进入家庭、进入办公室时，许多人一笑，说你有没有搞错？要创造一个东西叫软件，摸不着看不见，以非常低廉的价格卖给用户，摸不着看不见的东西怎么卖？然而微软没有动摇，最终做大、做成功了。

重视计划的作用

　　计划就是订立一个目标和达到目标的步骤。目标其实是航标灯，指引我们的方向。
　　做事没有目标会偏离方向，达不到想要的效果。
　　做事没有计划会东一榔头、西一棒子，浪费时间和精力。
　　计划不是条条框框，而应是一种机动的、与实际操作相吻合的手段。

在日本，对管理有这么一种认识——"管理就是做计划"，他们把《孙子兵法》《三国演义》等奉为管理学的教科书，正是基于这种认识。如果从计划的角度来看，《孙子兵法》是在教授如何做计划的指导书，而《三国演义》则是各种计划案例库。

计划，就是在正式将工作付诸实施前，在脑子里"虚拟"地去完成工作的全过程。针对明确的工作目标，去配置为达到目标所必需的各种资源，去排除各种不确定因素，去选择一条适合自身特点的达到工作目标的道路，落实在纸上，就是计划。

一个计划需要回答以下几个问题：必须做什么，应该怎么做，什么时候做完，谁来做，做到什么标准，花费多少。

那么，单纯就"做计划"这件事本身，有什么意义呢？换句话说，如果不做计划，是不是也行呢？

对于这个问题，我想拿围棋来做例子。大家知道，判定一个棋手水平高低，主要看他的计算能力。一般业余棋手能算清十步左右的变化，已经称得上业余高手了，而对于职业高段棋手，他们的计算能力是惊人的。比如日本的赵治勋，经常在序盘阶段，就开始"长考"，一"考"就是三四小时。我曾经对之不甚理解，面对空荡荡的棋盘，到底有什么可"考"的呢？就此问题，还专门请教一位国手，他告诉我，像这样的"长考"，一般是要算清楚终盘"官子"的大小！也就是说，从开始一直算到结束，最终算清楚棋盘上的各种变化，最终选择一条适合自己的路数，并控制着局面向自己需要的方面发展。其实，他也是在做计划。对房地产项目开发而言，做计划的过程，首先就是对项目的熟悉和对项目开发流程的熟悉的过程。通过做计划，希望能达到这样的效果：当你面对项目宗地，闭上眼睛，就能"看"到项目的各个细节，"看"完项目从构思到移交的全过程。通过做计划，可以提高项目经理对项目的理解和把握。

奇迹就是这样诞生的

这是发生在第二次世界大战中期，美国空军和降落伞制造商之间的真实故事。

当时，降落伞的安全性能不够。在厂商的努力下，合格率已经提升到99.9%，但仍然还差一点点。军方要求产品的合格率必须达到100%。对此，厂商不以为意。他们认为，没有必要再改进，能够达到这个程度接近完美。他们一再强调，任何产品不可能达到绝对100%的合格，除非出现奇迹。

不妨想想，99.9%的合格率，就意味着每一千个伞兵中，会有一个人因为跳伞而送命。

后来，军方改变检查质量的方法，决定从厂商前一周交货的降落伞中随机挑出一个，让厂商负责人装备上身后，亲自从飞机上跳下。

这个方法实施后，奇迹出现了：不合格率立刻变成了零。

学会将你要办的事情分类

有时做事，我们会发现事情多如牛毛，过去的事情和现在的事情都挤在了一块。一闭上眼睛，脑海就浮现出这件或那件事，数也数不过来。有人会丢掉一些事不做，有人会让一些事草草了结，和没做差不多。有人会加班加点，被时间挤破头，筋疲力尽地一件件做完这些事。怎么会这样？我们到哪儿去找时间来做？怎么才能把事情都做好，并且是秉着要做就做最好的原则？要解决这个问题，我们需要统筹规划时间和精力。

把所有工作划分成"事务型"和"思考型"两类，分别对待。

所有的工作无非两类："事务型"的工作不需要你动脑筋，可以按照所熟悉的流程一路做下去，并且不怕干扰和中断；"思考型"的工作则必须集中精力，一气呵成。对于"事务型"的工作，你可以按照计划在任何情况下按顺序处理；而对于"思考型"的工作，你必须谨慎地安排时间，在集中而不被干扰的情况下去进行。对于"思考型"的工作，最好的办法不是匆忙地去做，而是先在日常工作和生活中不停地去想：吃饭时想，睡不着觉的时候想，在路上想，上WC的时候想。当你的思考累积到一定时间后，再安排时间集中去做，你会发现，成果会如泉水一般，不用费力，就会自动地汩汩而来，你要做的无非是记录和整理它们而已！

　　这样来进行分类，我们可以把零碎的时间利用起来。在零碎的时间里做事不会让你产生任何烦恼，并且专心做好一些更重要的事情。

　　你每天都需要做一些日常工作，以和别人保持必要的接触，或者保持一个良好的工作环境，这些工作包括查看电子邮件、和同事或上级的交流、浏览你必须访问的 BBS、打扫卫生等。这些常规的工作杂乱而琐碎，如果你不小心对待，它们可能随时都会跳出来骚扰你，使你无法专心致志地完成别的任务，或者会由于你的疏忽带来不可估量的损失。处理这些日常工作的最佳方法是定时完成：在每天预定好的时间里处理这些事情，可以是一次也可以是两次，并且一般都安排在上午或下午工作开始的时候，而在其他时候，根本不要去想它！除非有什么特殊原因（例如你在等待某个人发来的紧急邮件），否则，强迫自己在预定时刻之外不要查看邮箱，不要浏览 BBS，不要去找领导汇报工作，这样，处理这些事务的效率才会提高，并且不会给你的其他主要工作带来困扰。

专长要用在有用的地方

　　有个鲁国人擅长编草鞋，他妻子擅长织白绢。他想迁到越国去。友人对他说："你到越国去，一定会贫穷的。""为什么？""草鞋，是用来穿着走路的，但越国人习惯于赤足走路；白绢，是用来做帽子的，但越国人习惯于披头散发。凭着你的长处，到用不到你的地方去，这样，要使自己不贫穷，难道可能吗？"

这个故事告诉人们：一个人要发挥其专长，就必须适应社会环境的需要。如果脱离社会环境的需要，其专长也就失去了价值。因此，我们要根据社会的需要，决定自己的行动，更好地发挥自己的专长。

先送水还是先送饭

我们要救一个在沙漠里的要渴死和饿死的人，该先送水还是先送饭呢？这其实是要看那个人此时最需要的是什么。只有先送水才能把那个人从死亡的边缘救回来。水比饭要好消化得多。其实做任何事都应该对事情有个定位。这个定位在心里有个概念以后，做起事来就会不自觉地按照应有的时间和次序去做。

我们来把事情按轻重缓急分类。

1. 重要又紧急。这些事情比任何事情都要优先，是必须立刻去做或在近期内要做好的工作。

2. 重要但不紧急。在我们工作之中，大多数真正重要的事情都不是急的，可以现在或稍后再做。实际上我们却往往把这些事情无休止地拖延下去。从对这类工作的重视程度，可以分辨出一个人办事有没有效率。所以我们要注意把这类工作列入优先的行列之中。

3. 紧急但不重要。这一类是表面上看起来需要立刻采取行动的事情，但客观而冷静地分析一下，我们就可以把它归入次优先工作中去。

4. 繁忙。很多工作只有一点用，既不紧急也不重要，而我们却常常在做重要的事情前先做它们，这是本末倒置。因为这些事情会让你分心，它们给你一种有事可做和有成就的感觉，使你有借口把重要的工作向后拖延。这是许多能力不够而又身居高位的人的最大弱点。

做事要分清轻重缓急

我们要立马做的事就是最重要最紧急的事，来不得任何拖延。做完了一件事后又可依此方法对下面的事进行分类。那么我们依据什么来分清轻重缓急，设定优先顺序呢？

成功人士都是以分清主次的办法来统筹时间，把时间用在最有"生产力"的地方。

面对每天大大小小、纷繁复杂的事情，如何分清主次，把时间用在最有生产力的地方？有三个判断标准。

1. 我必须做什么？

这有两层意思：是否必须做，是否必须由我做。非做不可，但并非一定要你亲自做的事情，可以委派别人去做，自己只负责督促。

2. 什么能给我最高回报？

应该用80%的时间做能带来最高回报的事情，而用20%的时间做

其他事情。（巴莱托定律）

所谓"最高回报"的事情，即是符合"目标要求"或自己会比别人干得更高效的事情。

前些年，日本大多数企业家还把下班后加班加点的人视为最好的员工，如今却不一定了。他们认为一个员工靠加班加点来完成工作，说明他很可能不具备在规定时间内完成任务的能力，工作效率低下。社会只承认有效劳动。

因此，勤奋＝效率＝成绩／时间

勤奋已经不是时间长的代名词，勤奋是最少的时间内完成最多的目标。

3. 什么能给我最大的满足感？

最高回报的事情，并非都能给自己最大的满足感，均衡才能和谐满足。因此，无论你地位如何，总需要分配时间于令人满足和快乐的事情，唯有如此，工作才是有趣的，并易保持工作的热情。

通过以上"三层过滤"，事情的轻重缓急很清楚了，然后，以重要性优先排序（注意，人们总有不按重要性顺序办事的倾向），并坚持按这个原则去做，你将会发现，再没有其他办法比按重要性办事更能有效利用时间了。

练习分清事情的轻重缓急，逐步学习安排整块与零散时间。不要避重就轻。事情肯定会有轻重缓急，先集中时间，把最重要的先完成，不重要的拖拉了自己也不后怕。利用好零散的时间做事，可以不知不觉就完成了烦琐的杂务。这一步最重要的是不要怕做难做的事。

制定标准是一个好方法

有一个小和尚担任撞钟一职,半年下来,觉得无聊至极,"做一天和尚撞一天钟"而已。有一天,住持宣布调他到后院劈柴挑水,原因是他不能胜任撞钟一职。小和尚很不服气地问:"我撞的钟难道不准时、不响亮?"老住持耐心地告诉他:"你撞的钟虽然很准时,也很响亮,但钟声空泛、疲软,没有感召力。钟声是要唤醒沉迷的众生,因此,撞出的钟声不仅要洪亮,而且要圆润、浑厚、深沉、悠远。"

本故事中的住持犯了一个常识性管理错误,"做一天和尚撞一天钟"是由于住持没有提前公布工作标准造成的。如果小和尚进入寺院的当天就明白撞钟的标准和重要性,我想他也不会因怠工而被撤职。工作标准是员工的行为指南和考核依据。缺乏工作标准,往往导致员工努力方向与公司整体发展方向不统一,造成大量的人力和物力资源浪费。因为缺乏参照物,时间久了员工容易形成自满情绪,导致工作懈怠。制定工作标准尽量做到数字化,要与考核联系起来,注意可操作性。

精准做事 | JINGZHUN ZUOSHI |

皮格马利翁效应

皮格马利翁（Pygmalion）是希腊神话中的塞浦路斯国王，同时还是一位出色的雕塑家。他精心雕塑了一座少女像，美丽动人，皮格马利翁真心地爱上了她。结果，奇迹发生了，塑像被皮格马利翁的真心打动，少女"活"了。

热情和冷漠都是有感染力的，尤其是对于年轻人，管理期望具有极其神奇的影响。一个年轻人遇到的第一位管理者很可能是对于他的职业生涯最有影响力的人。如果这位主管不能够或者不愿意教给年轻人有效完成工作任务所必需的技能的话，年轻人就会建立比他们实际能达到的标准低的个人标准，他们的自我形象也会因此被降低。

管理者做事情就是赋予这些"少女"积极的期望与热情和应有的标准。

效蟑之驴

古希腊有个寓言是这样讲的：一头驴听说蟑唱歌好听，便头脑发热，要向蟑学习唱歌。

于是蟑就对驴说:"学唱歌可以,但你必须每天像我一样以露水充饥。"驴听了蟑的话,每天以露水充饥,结果呢,没有几天,驴就饿死了。

这个故事讲起来有点残忍,可现实生活中像驴这样的人还很多。作为一个企业家,如果也凭着一时兴趣、一时爱好去干事,试想,结果会比驴好到哪里去呢?

感觉在某种程度上是出于感性的东西,而企业的老板单凭着感觉去开发产品是会走向盲区的。我们做事也同样不能仅凭感觉,要看对象,看时机,看条件,看环境。既不能顺其自然,也不能盲目创新。否则做事就是不负责的游戏而已。

留个缺口

一位著名企业家在做报告。当听众咨询他最成功的做法时,他拿起粉笔在黑板上画了一个圈,只是并没有画圆满,留下一个缺口。他反问道:"这是什么?""零""圈""未完成的事业""成功",台下的听众七嘴八舌地答道。他对这些回答未置可否:"其实,这只是一个未画完整的句号。你们问我为什么会取得辉煌的业绩,道理很简单:我不会把事情做得很圆满,就像画个句号,一定要留个缺口,让我的下属去填满它。"

事必躬亲，是对员工智慧的扼杀，往往事与愿违。长此以往，员工容易形成惰性，责任心大大降低，把责任全推给管理者。情况严重时，会导致员工产生腻烦心理，即便工作出现错误也不情愿向管理者提出。何况人无完人，个人的智慧毕竟是有限而且片面的。为员工画好蓝图，给员工留下空间，发挥他们的智慧，他们会画得更好。多让员工参与公司的决策事务，是对他们的肯定，也是满足员工自我价值实现的精神需要。赋予员工更多的责任和权力，他们会取得让你意想不到的成绩。

囚徒困境

在博弈论中有一个经典案例——囚徒困境，非常耐人寻味。"囚徒困境"说的是两个囚犯的故事。这两个囚徒一起做坏事，结果被警察发现抓了起来，分别关在两个独立的不能互通信息的牢房里进行审讯。在这种情形下，两个囚犯都可以做出自己的选择：或者供出他的同伙（与警察合作，从而背叛他的同伙），或者保持沉默（与他的同伙合作，而不是与警察合作）。这两个囚犯都知道，如果他俩都能保持沉默的话，就都会被释放，因为只要他们拒不承认，警方就无法给他们定罪。但警方也明白这一点，所以他们就给了这两个囚犯一点刺激：如果他们中的一个人背叛，即告发他的同伙，那么他就可以被无罪释放，同时还可以得到一笔奖金。而他的同伙就会被按照最重的罪来判决，并且为了加重惩罚，还要对他施以罚款，作为对告发者的奖赏。当然，如果这两个囚犯互相背叛的话，两个人都会被按照最重的罪来判决，谁也不会得到奖赏。

那么，这两个囚犯该怎么办呢？是选择互相合作还是互相背叛？从表面上看，他们应该互相合作，保持沉默，因为这样他们俩都能得到最好的结果：自由。但他们不得不仔细考虑对方可能采取什么选择。A犯不是个傻子，他马上意识到，他根本无法相信他的同伙不会向警方提供对他不利的证据，然后带着一笔丰厚的奖赏出狱而去，让他独自坐牢。这种想法的诱惑力实在太大了。但他也意识到，他的同伙也不是傻子，也会这样来设想他。所以A犯的结论是，唯一理性的选择就是背叛同伙，把一切都告诉警方，因为如果他的同伙笨得只会保持沉默，那么他就会是那个带奖出狱的幸运者了。而如果他的同伙也根据这个逻辑向警方交代了，那么，A犯反正也得服刑，起码他不必在这之上再被罚款。所以其结果就是，这两个囚犯按照不顾一切的逻辑得到了最糟糕的报应：坐牢。

在与其他企业打交道的过程中，我们不可避免地也会遇到类似的两难境地，这个时候需要相互之间有足够的了解与信任，没有起码的信任做基础，切不可贸然合作。在对对方有了足够的信任之后，诚意也是必不可少的，如果没有诚意或者太过贪婪，就可能闹到双方都没有好处的糟糕情况。

选团队成员时，就像在激流中要找同一条船上的人，一定要确定每一个人和自己往同方向走。做事时寻找这么一个或一些人非常重要。

精准做事 |JINGZHUN ZUOSHI|

马特莱法则

我们不仅要做最重要的事,而且在做事的时候要抓住事情的主要方面去做。

国际上有一条公认的企业管理法则,叫"马特莱法则",又称"20∶80法则"。其要旨在于将20%的经营要务,明确为企业经营应倾斜的重点方面,从而指导企业家突出重点抓管理,全力倾斜搞经营。

说来,马特莱法则所提倡的,就是"有所为,有所不为"的经营方略。它将20∶80作为确定比值,本身就说明企业管理不应面面俱到,而应侧重抓关键的人、关键的环节、关键的岗位、关键的项目。因此,企业家要想有所建树,就必须将企业管理的注意力集中到20%的重点经营要务上来,采取倾斜性措施,确保它们得到重点突破,进而以重点带全面、取得企业经营整体进步。

要弄清楚哪些经营要务属于20%应该列为重点的工作,就一般性企业来说不外乎六个方面,即重点人才、重点产品、重点市场、重点用户、重点信息、重点项目。将这六个方面的重点按占经营工作20%的比重选定下来,实施马特莱法则,就有了一个重要的基础。

现实生活中确实大量存在20∶80现象。细心的酒吧老板会觉察到，经常光顾酒吧的顾客中，大约两成顾客为八成的啤酒销量买单；对出版社书籍出版延期的诸多原因统计分析发现，80%的出版延期大约是20%的导因造成的；20%的优质客户为银行提供了80%的利润；20%的驾驶员引发了80%的交通事故；家中20%的地毯面积占磨损面积的80%；女士们80%的时间穿她们拥有的20%的衣服；等等。如果不拘泥于数字的精确性，"20∶80法则"揭示了一个道理：一小部分原因、投入和努力，通常可以产生大部分结果、产出或收益；反过来看，人们所付出的绝大部分努力，实际上与既定目标和成果无关。

对于个人，在做事的时候我们同样可以实施这个法则，抓住重点。一个时期只有一个重点，一次只做一件事情。聪明人要学会抓住重点，首先解决重要问题，然后解决次要问题。

用好"20∶80法则"，即把精力用在最见成效的地方。

美国企业家威廉·穆尔在为格利登公司销售油漆时，头一个月仅挣了160美元。他仔细分析了自己的销售图表，发现他的80%收益来自20%的客户，但是他却对所有的客户花费了同样的时间。于是，他要求把他最不活跃的36个客户重新分派给其他销售员，而自己则把精力集中到最有希望的客户上。不久，他一个月就赚到了1000美元。穆尔从未放弃这一原则，这使他最终成为了凯利-穆尔油漆公司的主席。

做个好的时间管理者

人们浪费时间的原因主要分成主观和客观两大类。

其中主观原因有缺乏明确的目标，拖延，缺乏优先顺序，想做的事情太多，做事有头无尾，缺乏条理和整洁，不懂授权，不会拒绝别人的请求，仓促决策，行动缓慢，懒惰和心态消极。客观原因有上级领导浪费时间（开会、电话、不懂授权），工作系统浪费时间（访客、官样文章、员工离职等），生活条件浪费时间（通信、环境、交通、和朋友闲聊、家住郊区等）。

1. 每天清晨把一天要做的事列出清单

如果你不是按照办事顺序去做事情的话，那么你的时间管理也不会是有效率的。在每一天的早上或是前一天晚上，把一天要做的事情列一个清单出来。这个清单包括公务和私事两类内容，把它们记录在纸上、工作簿上、你的PDA或是其他什么上面。在一天的工作过程中，要经常地进行查阅。举个例子，在开会前十分钟的时候，看一眼你的事情记录，如果还有一封电子邮件要发的话，你完全可以利用这段空隙把这项任务完成。当你做完记录上面所有事的时候，最好再检查一遍。那么，在完成工作后通过检查每一个项目，你能体会到一种满足感。

2. 把接下来要完成的工作也同样记录在你的清单上

在完成了开始计划的工作后，把接下来要做的事情记录在你的每日清单上面。如果你的清单上内容已经满了，或是某项工作可以以后来做，那么你可以把它算作明天或后天的工作计划。你想知道为什么有些人告诉你他们打算做一些事情但是没有完成吗？这是因为他们没有把这些事情记录下来。

3. 对当天没有完成的工作进行重新安排

现在你有了一个每日的工作计划，而且也加进了当天要完成的新的工作任务。那么，对一天下来那些没完成的工作项目又将做何处置呢？你可以选择将它们顺延至第二天，添加到你明天的工作安排清单中。但是，希望你不要成为一个办事拖拉的人，每天总会有干不完的事情，这样，每天的任务清单都会比前一天有所膨胀。如果事情的确重要，没问题，转天做完它。如果没有那么重要，你可以和与这件事有关的人讲清楚你没完成的原因。

4. 记住应赴的约会

使用你的记事清单来帮你记住应赴的约会，这包括与同事和朋友的约会。工作忙碌的人们失约的次数比准时赴约的次数还多。如果你不能清楚地记得每件事都做了没有，那么一定要把它记下来，并借助时间管理方法保证它的按时完成。如果你的确因为有事而不能赴约，可以提前打电话通知你的约会对象。

5. 把未来某一时间要完成的工作记录下来

你的记事清单不可能帮助提醒你去完成在未来某一时间要完成的工

作。比如，你告诉你的同事，在两个月内你将和他一起去完成某项工作。这时你就需要有一个办法记住这件事，并在未来的某个时间提醒你。其实为了保险起见，你可以使用多个提醒方法，一旦一个没起作用，另一个还会提醒你。

6. **把做每件事所需要的文件材料放在一个固定的地方**

随着时间的过去，你可能会完成很多工作任务，这就要注意保持每件事的有序和完整。一般把与某一件事有关的所有东西放在一起，这样当需要时查找起来非常方便。当彻底完成了一项工作时，把这些东西集体转移到另一个地方。

7. **清理你用不着的文件材料**

把新用完的工作文件放在抽屉的最前端，当抽屉被装满的时候，清除在抽屉最后面的文件。换句话说，保持有一个抽屉的文件，总量不会超出这个范围。有的人会把所有的文件都保留着，这些没完没了的文件材料最后会成为无人问津的废纸，很多文件可能都不会再被人用到。我在这里所提到的文件材料并不包括你的工作手册或是必需的参考资料，而是那些用作积累的文件。

8. **定期备份并清理计算机**

对保存在计算机里的文件的处理方法也和上面所说的差不多。也许，你保存在计算机里的 95% 的文件打印稿可能还会在你的手里放三个月。定期地备份文件到光盘上，并马上删除机器中不再需要的文件。

表格记录的好处

制一个表格,把本月和下月需要优先做的事情记录下来。据我所知很多人都开始制订每一天的工作计划。那么有多少人会把他们本月和下月需要做的事情进行一个更高水平的筹划呢?除非你从事的是一项交易工作,它的时间表上总是近期任务,你经常是在每个月末进行总结,而月初又开始重新安排筹划。对一个月的工作进行列表规划是时间管理中更高水平的方法。再次强调,你所列入这个表格的一定是你必须完成的工作。在每个月开始的时候,将上个月没有完成而这个月必须完成的工作列入表内。

给自己定下一个期限

帕金森有一条定律:"工作会拖延到填满所有的时间。"因此,派给自己或别人的任务,必须有期限,没有期限就永远完成不了。定下期限,可以给自己施加压力,尽快把工作完成。尊重自己制定的期限,不能养成拖延的毛病。定期限是在实践中最有效的方法之一。

一般每个做事的人都会在自己心里自然而然地形成一个心理期限，只是没有对其进行强化。强化后的事情往往才会对人们产生约束力。因此，我们制订计划的时候可以采取一些自我奖惩措施。例如，提前完成计划，可以奖励自己一场电影、一顿丰盛晚餐，或和朋友分享一段时间等，若没按时完成，可以惩罚自己做一件极其不想做的事，如去操场跑十圈、听一个鬼故事等。通过奖惩强化措施，我们以后就会下意识地按时完成任务。

不妨做一下鹦鹉老板

一个人去买鹦鹉，看到一只鹦鹉前标道：此鹦鹉会两门语言，售价二百元。

另一只鹦鹉前则标道：此鹦鹉会四门语言，售价四百元。

该买哪只呢？两只都毛色光鲜，非常灵活可爱。这人转啊转，拿不定主意。

结果突然发现一只老掉了牙的鹦鹉，毛色暗淡散乱，标价八百元。

这人赶紧将老板叫来：这只鹦鹉是不是会说八门语言？

店主说：不。

这人奇怪了：那为什么又老又丑，又没有能力，会值这个数呢？

店主回答：因为另外两只鹦鹉叫这只鹦鹉老板。

这故事告诉我们，真正的领导人，不一定自己能力有多强，只要懂信任，懂放权，懂珍惜，就能团结比自己更强的力量，从而提升自己的身价。

相反许多能力非常强的人却因为过于完美主义，事必躬亲，什么人都不如自己，最后只能做最好的公关人员、销售代表。这种人不懂得放权和充分发挥大家的作用。因此做事的风格决定了一个人能不能把管理这事做好。做不同的事需要的是不同的才能。

自我激励的九法则

事业上的成功者，大都是掌握自我激励的人。一旦掌握自我激励，自我塑造的过程也就随即开始。以下是自我激励最关键的九种方法。

1. 树立远景

迈向自我塑造的第一步，要有一个你每天早晨醒来为之奋斗的目标，它应是你人生的目标。远景必须即刻着手建立，而不要往后拖。你随时可以按自己的想法做些改变，但不能一刻没有远景。

2. 选择朋友

对于那些不支持你目标的"朋友"，要敬而远之。你所交往的人会改变你的生活。与愤世嫉俗的人为伍，他们就会拉你沉沦。结交那些希望你快乐和成功的人,你就在追求快乐和成功的路上迈出了最重要的一步。

3. 迎接恐惧

世上最秘而不宣的秘密是,战胜恐惧后迎来的是某种安全有益的东西。哪怕克服的是小小的恐惧,也会增强你对创造自己生活能力的信心。如果一味想避开恐惧,它们会像疯狗一样对你穷追不舍。此时,最可怕的莫过于双眼一闭假装它们不存在。

4. 敢于竞争

竞争给了我们宝贵的经验。无论你多么出色,总会人外有人,所以你需要学会谦虚。不管在哪里,都要参与竞争,而且总要满怀快乐的心情。要明白最终超越别人远没有超越自己更重要。

5. 内省

大多数人通过别人对自己的印象和看法来看自己。获得别人对自己的反映很不错,尤其是正面反馈。但是,仅凭别人的一面之词,把自己的个人形象建立在别人身上,就会面临严重束缚自己的危险。因此,只把这些溢美之词当作自己生活中的点缀,人生的棋局该由自己来摆。不要从别人身上找寻自己,应该经常自省并塑造自我。

6. 走向危机

危机能激发我们竭尽全力。无视这种现象,我们往往会愚蠢地创造一种追求舒适的生活,努力设计各种越来越轻松的生活方式,使自己生活得风平浪静。当然,我们不必坐等危机或悲剧的到来,从内心挑战自我是我们生命力量的源泉。圣女贞德说过:"所有战斗的胜负首先在自我的心里见分晓。"

7. 敢于犯错

有时候我们不做一件事,是因为我们没有把握做好。我们感到自己状态不佳或精力不足时,往往会把必须做的事放在一边,或静等灵感的降临。你可不要这样。如果有些事你知道需要做却又提不起劲,尽管去做,不要怕犯错。给自己一点自嘲式幽默,抱一种打趣的心情来对待自己做不好的事情,一旦做起来自会乐在其中。

8. 不要害怕拒绝

不要消极接受别人的拒绝,而要积极面对。你的要求落空时,把这种拒绝当作一个问题:"自己能不能更多一点创意呢?"不要听见"不"字就打退堂鼓,应该让这种拒绝激励你发挥更大的创造力。

9. 甘做小事

塑造自我的关键是甘做小事,但必须即刻就做。塑造自我不能一蹴而就,而是一个循序渐进的过程。这儿做一点,那儿改一下,将使你的每一天都有滋有味。

有时不妨换种心情

即使我们无法选择所要做的事情,也可以选择做事的态度。对自己说:我在做我想做的事。这不是自欺欺人,而是一种积极的心态。尝试着以另外一种角度来看待自己做的事，会对它有全新的理解。这种积极的心理暗示会扫走你做事时的烦躁。

过去我们提倡"干一行，爱一行"，现在似乎找不到这种"螺丝钉"式的奉献精神了，相反，"干一行，怨一行"的情形比比皆是，相当多的职场中人都感觉到"累"，就连微软的员工都说，忍受微软，就是忍受每天工作12小时、每周工作6天的生活。当然，最主要的"累"不是工作紧张与压力，而是"心"苦，"心"累，下属反叛，领导压制，同事之间钩心斗角。其实，职场本身是个快乐天地，只是你"不识庐山真面目"罢了。

生命中，每个人都会有一些惨淡的经历，让我们觉得沮丧，感到这个世界简直糟糕透顶。那些勇敢的人往往会用孟子的那段话来激励自己：天将降大任于斯人也……更多的人恐怕只会自我怜悯而已。

其实，大多数人的经历算得了什么？如果和《鱼》的主人公玛丽·简比起来：恩爱的丈夫因病去世，留下一大笔拖欠的医药费，带着两个年幼的孩子，更糟糕的是，接手一个"反应迟钝、争权夺利、疲乏消极"的团队。对于工作的环境，玛丽·简在日记中记录道："工作中发生的任何情况都不能使他们兴奋起来。我下属有30名员工，其中多数做事情缓慢，工作不饱和，工资很低。他们中有些人好几年都是按同样的方法重复着节奏缓慢的工作，简直是无聊至极，当我在小工作间走动时，空气中所有的氧气都好像被抽走了，令人几乎不能呼吸。"

一次午餐时间，为了逃避"三楼"那令人窒息的气氛，玛丽·简离开了办公大楼。闲逛中，走进了派克街鱼市，这里充溢着的快乐情绪与充满活力的气氛深深地打动了玛丽·简,一个叫罗尼尔的鱼贩子向她讲述了这里的曾经和现在,她才了解到派克街鱼市也曾经和其他市场一样,充斥着简单重复的工作、百无聊赖的时光,但一次讨论却改变了这一切,并使得派克街成为世界著名的旅游胜地。此后在反复的接触中,玛丽·简从鱼市场学到了重要的经验。

选择自己的态度。即使你无法选择工作本身,也可以选择采用什么方式工作:用玩的心情对待你的工作,快乐每一天;带着阳光、带着幽默、带着愉快的心情对待每一个人;把你的注意力集中在快乐工作上,就会产生一连串积极的情感交流。

第四章 对程序的思考
DUI CHENGXU DE SIKAO

> 认真的人改变自己,执着的人改变命运。
>
> ——江南春

| 第四章 | 对程序的思考

万物有理，四时有序

常言道：万物有理，四时有序。这里的"序"，是顺序、次序、程序的意思。自然界是这样，人类社会也是这样。序，就是事物发生发展、运动变化的过程和步骤，是客观规律的体现。反映到实际工作中，它要求我们办事情必须讲程序。

对于程序及其重要性，长期以来存在着某些片面的认识。有人认为程序属于形式，没有内容那么重要；有人觉得程序是细枝末节，可有可无；有人甚至把程序当作繁文缛节，不但不重视，而且很反感。由此而来，现实生活中不讲程序、违反程序的现象屡见不鲜，结果既影响办事的质量和效率，又容易助长不正之风，给工作和事业带来损失。

为什么办事要讲程序呢？我们不妨从程序的客观性来做一些分析。事物存在的基本形式是空间和时间，事物的发展变化都是在一定的空间和时间上展开的。事物的发展变化，从空间方面看，可以分解为若干个组成部分；从时间方面看，各个部分都要占用一定的时间并具有一定的次序。比如"种植"这一行为，就可以分解为播种、施肥、灌溉、收割等部分，这些部分均需占用一定的时间，并且有相应的先后次序。如果不在一定的时间播种，或者把收获和施肥的次序颠倒，那么种植行为就无法达到预期的目的。所以，顺时而动，不违农时，是务农必须遵守的程序。尊重程序，实质上是尊重规律。这就是办事情需要讲程序的道理所在。

磨刀不误砍柴工

有人或许存在这样的疑虑：讲程序会不会影响效率？其实，讲程序与讲效率是一致的。俗话说，没有规矩不成方圆。不讲程序，缺乏制度、机制、法规、纪律的规范和约束，无章可循，各行其是，不但许多事情办不下去，而且整个社会也会陷入混乱之中，根本谈不上效率。譬如，一部功能强大的电脑，如果失去与之匹配的程序设计，其作用就难以发挥出来。从社会角度看，科学、严格、切实的程序有利于实现和维护国家、集体和个人的利益，违反规定程序的行为则会给国家、集体和个人带来损害。在日常生活中，人们进行购物、乘车、参观等，都要按先来后到的顺序排队，遵守规矩，各得其所。很显然，这样做是公平合理的，也是富有效率的。而一旦有人不守规矩，就不仅使公平受到破坏，而且效率也无从保证。

做好第一步

接到一件事情的时候,你是不是还没弄明白整件事情就开始东奔西走了?俗话说,万事开头难,第一步走的方向往往决定了接下去事情的进程。人做事都是有惯性的,此刻的决定和表现就决定了下一刻的状况。因此,做事要纵观全局,无论大事小事,都应有头有尾,有棱有角,把事做完整。

在思考第一步该怎么走的时候,就是我们需要对事情做全面筹划的时候。比如说,我们要去办什么证件,出门前就要想好该带上什么办证需要的证明和其他东西,这需要对整个过程都了解才能做出判断。出去旅游或做其他事,在我们不知将来会发生什么的情况下,第一步应该尽可能做得完善。

有些人第一步没做好,就只想破罐子破摔了。这种心态显然是十分有害的,以一种无所谓的态度去做后面的事还不如不做,或交给别人去做呢。另一方面,做好第一步不仅使下面的事有个好的开始,而且使自己充满信心。

向周围的同事学习

我们要坚信一点：每个人都有自己独特的优点。换一个角度欣赏别人的时候，我们会看到很多自己还需要改进的地方。

做同一件事，不同的人处理方式会有不同，这是因为他们思考事情的角度不同。多听听别人的意见，会受到不同程度的启发。

我们应该保持一种虚心的态度，多多询问有经验的同事，养成随处留心的习惯。这样不经意之间我们就获得了很多需要额外的时间精力才能获取的经验。这是间接经验。

比如要办一件盖章的事，有好几个部门要去。我们应该事前就了解哪些人是负责盖章的人，哪些人是可以填写的人，要去哪些地方和路线，规定几时可以盖章，有多个人时是否可以分头行动，等等。这些我们都可以从办过此事的同事那里学习，也可以听听同事的意见使自己更加方便地去弄清楚程序。

敢于承担自己的责任

上级分派给我们一件事情往往是要一个结果，或一种效果。我们不可能向上级一一问清楚该怎么办。否则，那无异于让上级自己去办这事。

《致加西亚的信》里描述了这样一个故事。美西战争爆发后，美国必须立即跟西班牙的反抗军首领加西亚取得联系。加西亚在古巴丛林的山里，没有人知道确切的地点，但是美国总统必须尽快地取得他的合作，于是他们把罗文找来，交给他一封写给加西亚的信。而罗文接过信后并没有问"他在哪里"等任何问题，只是静静地把信拿去，不顾一切地把信送到。

在这里我要强调的是责任心。做事的人应该明白自己需要做什么。按照一个目标去努力，其实存在很多路径，关键在于我们要自己去寻找，而不是走别人铺好的路，否则也不需要你去做了。我们要认识到寻找这些道路是我们的责任，应该积极而勇敢地担起来。

如果事事都要向别人或上司请教好了再去做，他要么是一个懦夫，要么是一个懒虫。能独立完成任务的人必然是一个责任心很强的人，他能在做事的过程中，体现自己的开拓能力和处理能力。

坚持两个做事的黄金法则

有两个做事的黄金法则是这么说的：

奥卡姆剃刀——如无必要，勿增实体。

简单与复杂定律——把事情变复杂很简单，把事情变简单很复杂。

在做比较复杂的事情的时候，我们需要的是把自己做事的原则、方式、理念注入行为。

做事是一种智慧的运用。面对纷繁复杂的问题，做事的思维和方法应该是从简切入，以简驭繁，化繁为简，避免陷入繁中添乱、漫无头绪的窘境。做事的全部奥秘就在于越简单越好。简单的东西，往往是最有力量的。如果，四两拨千斤是中国功夫最高境界的话，那么，化繁为简就是实践的最高境界。

一旦拥有化繁为简的智慧，你自然会进入一个自己都意想不到的广阔天地。

白沙集团的"简单管理"经受住了企业实践的检验并得到了中国理论界的认同。白沙集团长沙卷烟厂2003年实现双"100"突破，即卷烟产销总量突破100万大箱，"白沙"单品牌销量突破100万大箱，连续两年保持全国销量第一。"简单管理"的成果获得了全国十大管理成果奖。

|第四章| 对程序的思考

简单管理是一种力求使复杂管理变得简约、集约和高效的管理思想和管理模式，它倡导化繁为简、以简驭繁的管理理念和方法。中国人民大学教授、和君创业研究咨询有限公司总裁彭剑锋说："简单管理解决的是'知行合一'的问题，本质上它是一种执行文化，解决的是国内企业普遍存在的'知行不合一''理念在天上飘，行为在地上爬'的矛盾。"在中国企业做不到"知行合一"、说一套做一套的企业太多了，但白沙集团做到了。白沙集团总裁卢平是简单管理的提倡者和忠实贯彻者，她通过实际行动，把理念化为了行动，把愿景化为了现实。

化难为易

易和难都是相对的，同一种理论，从一个老师嘴里说出来生涩难懂，从另一个老师嘴里出来也许就显而易见了。讲课的深入浅出能让一件看似复杂的事情变得如此简单，做事也是一样，以不同的方式去做，会让事情变简单，也能让其像套连环扣一样越来越复杂。

把事情化难为易首先需要的是战胜自己对事情的预期，敢于尝试。古人说：为之，则难者亦易矣；不为，则易者亦难矣。也难怪有哲人说，事情只有做与不做的区别。事情做下去了，才有成功的希望。把事情想得太难而不敢伸展手脚只是作茧自缚。

化难为易与化繁为简是相辅相成的。事情一旦被拆分得很明晰，一步步来做，就会简单很多。简易的做事方式就是找到更加节省时间和精力成本的步骤。

一次只做一件事

同时想做很多事的习惯会使人们产生焦虑，注意力不集中。

学生一面看电视，一面做功课；职员不将注意力放在他正在口述的一件事情上，却惦记着今天该完成的另外一件事，心里巴不得能马上同时解决。

这些坏习惯是在不知不觉中养成的。我们同时想着好多件未完成的事，极其容易感到神经过敏、忧虑、焦虑不安。我们紧张是因为我们想做不可能的事情，这样无可避免地带来徒劳和挫折。所以正确的做法是，一次只做一件事，把这件事做好，使自己有成就感，然后信心百倍地去做下一件事。

做事就是人和制度的博弈

对权力制约的制度问题一直是人类头疼的难题。请看下边的这个小故事。

|第四章| 对程序的思考

有7个人组成了一个小团体共同生活，其中每个人都是平凡而平等的，没有什么凶险祸害之心，但不免自私自利。他们想用非暴力的方式，通过制定制度来解决每天的吃饭问题——要分食一锅粥，但并没有称量用具和有刻度的容器。

大家试验了不同的方法，发挥了聪明才智、多次博弈形成了日益完善的制度。大体说来主要有以下几种。

方法一：拟定一个人负责分粥事宜。很快大家就发现，这个人为自己分的粥最多，于是又换了一个人，总是主持分粥的人碗里的粥最多最好。阿克顿勋爵做的结论是，权力导致腐败，绝对的权力绝对腐败。

方法二：大家轮流主持分粥，每人一天。这样等于承认了个人有为自己多分粥的权力，同时给予了每个人为自己多分的机会。虽然看起来平等了，但是每个人在一周中只有一天吃得饱而且有剩余，其余6天都饥饿难挨。这种方式导致了资源浪费。

方法三：大家选举一个信得过的人主持分粥。开始这品德尚属上乘的人还能基本公平，但不久他就开始为自己和溜须拍马的人多分。不能放任其堕落和风气败坏，还得寻找新思路。

方法四：选举一个分粥委员会和一个监督委员会，形成监督和制约。公平基本上做到了，可是由于监督委员会常提出多种议案，分粥委员会又据理力争，等分粥完毕时，粥早就凉了。

方法五：每个人轮流值日分粥，但是分粥的那个人要最后一个领粥。令人惊奇的是，在这个制度下，7只碗里的粥每次都是一样多，就像用科学仪器量过一样。每个主持分粥的人都认识到，如果7只碗里的粥不相同，他确定无疑将享有那份最少的。

现代经济学是这么表述的：制度至关紧要，制度是人选择的，是交易的结果。好的制度浑然天成，清晰而精妙，既简洁又高效，令人为之感叹。办事就是人和制度的博弈。

推开虚掩着的门

一天，公司总经理叮嘱全体员工："谁也不要走进8楼那个没挂门牌的房间。"但他没解释为什么。

在这家效益不错的公司里，员工们都习惯了服从，大家牢牢记住了领导的吩咐，谁也不去那个房间。

一个月后，公司又招聘了一批年轻人，同样的话，总经理又向新员工重复了一遍。这时，有个年轻人在下面嘀咕了一句："为什么？"

总经理看了他一眼，满脸严肃地回答："不为什么。"

回到岗位上，那个年轻人的脑子里还在不停地闪现着那个神秘的房间：又不是公司部门的办公用房，又不是什么重要机密存放地，为什么要有这样的吩咐呢？年轻人想去敲门看看到底是怎么回事。

同事们纷纷劝他，冒这个险干吗，不听总经理的话有什么好果子吃，这份工作来之不易呀！

小伙子来了牛脾气，执意要去看个究竟。

他轻轻地叩门,没有人应声。他随手一推,门开了,不大的房间中只有一张桌子,桌子上放着一张字条,上面用红笔写着几个字:"拿这张字条给经理。"

小伙子很失望,但既然做了,就做到底,他拿着字条去了总经理办公室。当他从总经理办公室出来时,他不但没有被解雇,反而被任命为销售部经理。

"销售是最需要创造力的工作,只有不被条条框框限制住的人才能胜任。"总经理给了大家这样一个解释。到最后,那个小伙子也果然没有让总经理失望。

这个故事不是鼓励你与领导对着干,只是想告诉你,有些条条框框所设置的禁区,其实正是留给勇敢开拓者的处女地。人们总是在用新的思想冲击着束缚,当思想成熟了,束缚自然也就解除了。

一步到位

有这么一则故事:朋友从日本回来,想投资开一个日式料理店,我帮他选择地点。我们跑遍了整座城市,看了无数的房子,最后他从中挑选出10个,把它们在位置、环境、布局等方面的优劣列成清单,反复比较,从中优选出3个,然后把这3个店的位置、环境、布局及服务内容等方面列成一个更为详细的调查表,委托一家信息咨询公司做市场调查,根

精准做事 | JINGZHUN ZUOSHI |

据调查回馈，最后确定其中一个，接下来开始装修。朋友请来装修公司，详细地讲述他的意图，对方耐心地听着，我也在一旁听着。开始还为他的认真感动，到后来就有些不耐烦了，他也真是太详细了，不仅店内所有的空间包括门厅、厨房、卫生间里的每一个角落都不放过，而且，店外远至百米的路段也做了精心布置，简直精细到极点。我看着他，突然感觉有些陌生，原来挺豪爽大气的一个人，几年不见，怎么竟变得婆婆妈妈、心细如针？

店终于按照朋友的要求装修好了，进到里边，给人的第一感觉是舒服，第二感觉还是舒服，你能想到的他全想到了，你没想到的他也想到了，可他还不放心，让我们帮他挑毛病，看看还有什么没想到的地方。我看着他，越发觉得他陌生了，从选店到装修，不仅多跑了许多路，多花了许多钱，更重要的是，花了许多时间，如果换成我，现在早营业赚钱了，可他还在这儿挑毛病。我说："挺好的，赶快开业吧，早开一天早收入一天。"

朋友看着我说："正式开业还要等一个星期，从明天开始，我请你带朋友来吃饭，全部免费，但有一条，每吃一次，至少要提一条意见。""为什么？""因为在日本，不能让客人等候超过5分钟，不能让他有任何不满意的地方，现在开业，我没有把握，所以我付费请咨询公司替我找最挑剔的顾客来，如果你方便也请你来，多挑毛病，拜托了。""你也太认真了，这是在中国，不用这样，要我说，先开业，发现问题再说，现改也来得及。""不，我不能拿顾客做试验，在日本，我做过调查，开业最初10天进店的顾客，基本上就是你店里长期的顾客，如果你在这 10 天留不住顾客，你就得关门。"

"为什么？"我有些不解，"一个新开的店，有点不足是难免的。客人也会谅解的，下次改正就行了。""不，在日本，没有下次，只给你一次机会。我刚到日本和日本人初交往时，觉得他们很傻，你说什么他都信，你如果想骗他其实很容易，但是他只给你骗一次，以后他永远不会和你来往。在日本，只要是你由于自己的原因犯错，你就得走，你不能说：对不起，这次我错了，给我机会，我保证下次改。没有下次，只给你一次机会。"我看着朋友，突然明白了为什么这些天来，他如此认真，如此精细，这个在我看来没什么了不起的料理店，在他看来，仅次于他的生命，因为他深深知道，这既是他的第一个店，也是他最后一个店，成败只此一次，没有再一，更无再二。

其实很多时候，如果存了下次再来的心思，那么这次你就不可能全部投入，失败的概率很大。一步到位是一种绝对认真的做事方式。

要做一个有心人

很多事情并没有固定的程序模式，大部分场合我们只有一个抽象的目标指导。在什么时间该做什么事，哪些该做，哪些不该做都是需要个人判断的。有心人往往能把握住机会，使事情简单化，而且做得很周到。

两个同龄的年轻人同时受雇于一家店铺，并且拿同样的薪水。

精准做事 | JINGZHUN ZUOSHI |

可是一段时间后，叫阿诺德的那个小伙子青云直上，而那个叫布鲁诺的小伙子却仍在原地踏步。布鲁诺很不满意老板的不公正待遇。终于有一天他到老板那儿发牢骚了。老板一边耐心地听着他的抱怨，一边在心里盘算着怎样向他解释清楚他和阿诺德之间的差别。

"布鲁诺先生，"老板开口说话了，"您现在到集市上去一下，看看今天早上有什么卖的。"

布鲁诺从集市上回来向老板汇报说，今早集市上只有一个农民拉了一车土豆在卖。

"有多少？"老板问。

布鲁诺赶快戴上帽子又跑到集市上，然后回来告诉老板一共有40袋土豆。

"价格是多少？"

布鲁诺又第三次跑到集市上问来了价格。

"好吧，"老板对他说，"现在请您坐到这把椅子上一句话也不要说，看看别人怎么说。"阿诺德很快就从集市上回来了，向老板汇报说到现在为止只有一个农民在卖土豆，一共40袋，价格是多少多少；土豆质量很不错，他带回来一个让老板看看。这个农民一个钟头以后还会弄来几箱西红柿，据他看价格非常公道。昨天他们铺子的西红柿卖得很快，库存已经不多了。他想这么便宜的西红柿老板肯定会要进一些的，所以他不仅带回了一个西红柿做样品，而且把那个农民也带来了，他现在正在外面等回话呢。

此时老板转向了布鲁诺，说："现在您肯定知道为什么阿诺德的薪水比您高了吧?"

同样的小事情,有心人做出大学问,不动脑子的人只会来回跑腿而已。别人对待你的态度,就是对你做事情的结果的反应,像一面镜子一样准确无误,你如何做的,它就如何反射回来。

互惠,做事才会更顺利

在工作中,做事程序的建立不仅是为了提供做事方法,而且是为了权力的制衡。有些人我行我素,想怎么做就怎么做,觉得可以一步到位的东西为什么会出现那么多步骤,烦琐,就决定独自行事,结果打乱了规则和次序。牵扯到利益分配的问题的时候往往会出现各种牵制。其实应该动点脑筋,采取互惠的措施,达到双赢才是最佳方式。拿开发票来说,许多经营者并不愿开出来,甚至是不开发票的可以打折,开发票的就不能打折,因为经营者想少纳点根据发票来算的税。可监管单位不同意啊,于是也在发票上弄上抽奖的活动,提高消费者要发票的积极性。

双赢是21世纪逐渐兴起的做事方法。其实,可以从"退一步,海阔天空"的角度来看,我们给别人方便,给别人留有余地,而不是一种没有弹性的、强制性的谈判,也就是给自己方便,让双方都能得到好处的事情才能比较稳定均衡地发展下去。

因此,办事情的时候大可不必过于死板。建立一种互惠的机制,大家可以进行协调、商讨，办事才会顺利。

不要忽视各种潜规则

各个行业有各个行业的潜规则，做很多事情都会触及禁忌。这里列举办公室里会影响同事关系的几种禁忌。

1. 有好事儿不通报

单位里发物品、领奖金等，你先知道了，或者已经领了，一声不响地坐在那里，像没事似的，从不向大家通报一下，有些东西可以代领的，也从不帮人领一下。这样几次下来，别人自然会有想法，觉得你太不合群，缺乏共同意识和协作精神。以后他们有事先知道了，或有东西先领了，也就有可能不告诉你。如此下去，彼此的关系就会不和谐了。

2. 进出不互相告知

你有事要外出一会儿，或者请假不上班，虽然批准请假的是领导，但你最好要同办公室里的同事说一声。即使你临时出去半小时，也要与同事打个招呼。这样，倘若领导或熟人来找，也可以让同事有个交代。如果你什么也不愿说，进进出出神秘兮兮的，有时正好有要紧的事，人家就没法说了，有时也会懒得说，受到影响的恐怕还是自己。互相告知，既是共同工作的需要，也是联络感情的需要，它表明双方互有的尊重与信任。

3. 不说可以说的私事

有些私事不能说，但有些私事说说也没有什么坏处。比如，你的男朋友或女朋友的工作单位、学历、年龄及性格脾气等；如果你结了婚，有了孩子，就有关于爱人和孩子方面的话题。在工作之余，都可以顺便聊聊，它可以增进了解、加深感情。

4. 有事不肯向同事求助

轻易不求人，这是对的。因为求人总会给别人带来麻烦。但任何事物都是辩证的，有时求助别人反而能表明你对别人的信赖，能融洽关系、加深感情。你不愿求人家，人家也就不好意思求你；你怕人家麻烦，人家就以为你也很怕麻烦。良好的人际关系是以互相帮助为前提的。

5. 常和一人"咬耳朵"

同办公室有好几个人，你对每一个人都要尽量保持平衡，不要对其中某一个特别亲近或特别疏远。在平时，不要老是和同一个人说悄悄话，进进出出也不要总是和一个人。否则，你们两个也许亲近了，但疏远的可能更多。有些人还以为你们在搞小团体。如果你经常在和同一个人咬耳朵，别人进来又不说了，那么别人不免会产生你们在说人家坏话的想法。

6. 热衷于探听家事

能说的人家自己会说，不能说的就别去挖它。每个人都有自己的秘密。有时，人家不留意把心中的秘密说漏了嘴，对此，你不要去探听，不要想问个究竟。

7. 喜欢嘴巴上占便宜

在与同事相处中，有些人总想在嘴巴上占便宜。有些人喜欢说别人的笑话，讨人家的便宜，虽是玩笑，也决不肯以自己吃亏而告终；有些人喜欢争辩，有理要争理，没理也要争三分；有些人不论是国家大事，还是日常生活小事，一见对方有破绽，就死死抓住不放，非要让对方败下阵来不可；有些人对本来就争不清的问题，也想争个水落石出；有些人常常主动出击，人家不说他，他总是先说人家。这些都会破坏同事关系。

万全之策的可笑

一群老鼠吃尽了猫的苦头，它们召开全体大会，号召大家贡献智慧，商量对付猫的万全之策，争取一劳永逸地解决事关大家生死存亡的大问题。

众老鼠冥思苦想。有的提议培养猫吃鱼吃鸡的新习惯。有的建议加紧研制毒猫药，有的说……最后，还是一个老奸巨猾的老老鼠出的主意让大家佩服得五体投地，连呼高明。那就是给猫的脖子上挂上个铃，只要猫一动，就有响声，大家就可事先得到警报，躲藏起来。

这一决议终于被投票通过，但决策的执行者却始终产生不出来。高薪奖励、颁发荣誉证书等办法一个又一个地提出来，但无论什么高招，好像都无法将这一决策执行下去。至今，老鼠们还在自己的各种媒体上争辩不休,也经常举行会议……

决策与制度不在于多么英明,而在于能否实行。

步骤安排的七步法

对于管理者而言,往往不直接处理某件事情。那么他是如何把经过分类的事情一件件委派下去的呢?

美国人皮尔斯提出了有效委派系统的七个步骤。

第一步:选定需要委派的工作。认真考察要做的各种工作,当你对工作有了清楚的了解以后,还要使你的下属也了解。要向处理这件工作的下属说明工作的性质和目标,要保证下属通过完成工作获得新的知识或经验。切记不要把"热土豆"式的工作委派出去。所谓"热土豆"式的工作,是指那些处于最优先地位并要求你马上亲自处理的特殊工作。

第二步:选定能够胜任的人。建议你对下属进行完整的评价。你可以花几天时间让每个下属用书面形式写出他们对自己职责的评论。要特别注意两个职员互相交叉的一些工作。

但有一点也要记住,那就是你要尽量避免把所有的工作都交给一个人去做的倾向。

第三步:确定委派工作的时间、条件和方法。大多数管理者上午上班后的第一件事便是委派工作。这样做可能方便管理者,但有损于职员的积极性。因为他们被迫改变原定的日程安排，工作的优选顺序也要调整。委派工作的时间最好是在下午。

第四步：制订一个确切的委派计划。有了确定的目标才能开始委派工作。给职员一份，自己留下一份备查。

第五步：委派工作。在委派工作之前，需要把为什么选他完成某项工作的原因讲清楚。关键是要强调积极的一面，同时，还要让下属知道他对完成工作任务所负的重要责任，让他知道完成工作任务对他目前和今后在组织中的地位会有直接影响。

第六步：检查下属的工作进展情况。检查太勤会浪费时间；对委派出去的工作不闻不问，也会导致灾祸。

第七步：检查和评价委派工作系统。当委派出去的工作完成以后，你要在适当的时候对自己的委派工作系统进行评价，以求改进。

学无止境

这是美国东部一所规模很大的大学毕业考试的最后一天。在一座教学楼前的阶梯上，有一群机械系大四学生挤在一起，正在讨论几分钟后就要开始的考试。他们的脸上显示出很有信心，这是最后一场考试，接着就是毕业典礼和找工作了。

有几个说他们已经找到工作了。其他的人则在讨论他们想得到的工

第四章 对程序的思考

作。怀着对四年大学教育的肯定,他们觉得心理上早有准备,能征服外面的世界。

即将进行的考试他们知道只是轻易的事情。教授说他们可带需要的教科书、参考书和笔记,只要求考试时他们不能彼此交头接耳。

他们喜气洋洋地鱼贯走进教室。教授把考卷发下去,学生都眉开眼笑,因为学生们注意到只有5个论述题。

3小时过去了,教授开始收集考卷。学生们似乎不再有信心,他们脸上有可怕的表情,没有一个人说话。教授手里拿着考卷,面对着全班同学。教授端详着面前学生们担忧的脸,问道:"有几个人把5个问题全答完了?"

没有人举手。

"有几个答完了4个?"

仍旧没有人举手

"3个?2个?"

学生们在座位上不安起来。

"那么1个呢?一定有人做完了1个吧?"

全班学生仍保持沉默。

教授放下手中的考卷说:"这正是我预期的。我只是要加深你们的印象,即使你们已完成四年工程教育,但仍旧有许多有关工程的问题你们不知道。这些你们不能回答的问题,在日常操作中是非常普遍的。"

于是教授带着微笑说下去:"这个科目你们都会及格,但要记住,虽然你们是大学毕业生,但你们的教育这才开始。"

时间流逝，这位教授的名字已经模糊，但他的训诫却不会模糊。

授人以鱼不若授之以渔，学多少现成的知识也不如培养出自我学习的能力与方法。现代教育早已是终身教育的概念，活到老学到老已是每个人必要的思想准备。

盲从的毛毛虫

在非洲和地中海一带，有一种被昆虫学家称为行列蛾类的昆虫，这种蛾倒没什么特别之处，它们的幼虫毛毛虫却引起昆虫学家的注意。

这些毛毛虫从卵中孵化出来之后，就成百地集结在一起生活。在外出觅食时，通常是队长带头，其他的毛毛虫头顶着前一只伙伴的屁股，一只贴着一只排成一列或两列前进，这支队伍的最高纪录是 600 只。为预防自己不小心走岔路跟丢了，它们还一面爬一面吐丝。等到吃饱了叶子，它们又排好队原路返回。

法国昆虫学家法布尔曾经仔细研究过这些毛毛虫。先是把队长拿走，但后边的一只迅速补上，继续前行；又把它们的丝路切断，虽然会暂时把它们分开，但后边的那一只会到处闻、到处找，只要追上前边，马上就会合而为一。

法布尔所做的实验中，最有意思的是计诱毛毛虫走上一个花盆的边缘。毛毛虫一走上去就沿着边缘前进，一面走一面吐丝。令法布尔惊讶的是，这群硬头毛毛虫当天在花盆边缘一直走到精疲力竭才停下来，其间曾经稍做休息，但是没吃也没喝，连续走了十多个小时。

第二天，守纪律的毛毛虫队列丝毫不乱，依然在花盆边缘上转圈，没头没脑地跟着前边的走。第三天、第四天……一直走了一个星期，看得法布尔都不忍心了。终于到了第八天，有一只毛毛虫掉了下来，意外地突破困境，这一群毛毛虫才重返家园。

行列毛毛虫的排队行为，当然有一定的功用；但固执、愚昧至此，除了用盲从以外可能再找不到更好的词来形容它们了。

有人说，如果把这些毛毛虫首尾相连，它们就会活活饿死。我们要学会模仿，要循着前人的经验，这样最保险最安全，但是不能事事如此。因为世界是变化的，没有重复的条件，对新问题也固执守旧就不可能真正把事情做到位。

所有的一切都要简洁

说话啰嗦的人一般办事效率都比较低下，他用废话把主题都淹没了。往往还没等他说完人家早都不耐烦了。

在一家大公司的门口，写着这几个字："要简洁！所有的一切都要简洁！"

这张布告明示着两层意义：第一，提醒办事要简洁；第二，说明简洁是很必要的，因为那种喜欢赘言长谈的习惯已经不适用于今日了。

人们一般最厌恶的，就是谈话抓不住重点、旁敲侧击、不着边际，结果，说来说去也使人无法把握他谈话的要点，这样的人常常会使人厌倦。所以，那种谈话不直接爽快而喜欢绕圈子的人，虽然在业务上会下苦功，但往往做不成什么大事。成就大业者是那些做事爽直、谈话简洁的人。

如果能及早培养做事爽直、谈话简洁的习惯，要做到这一点并不是一件很难的事。如果能常常有意地注意训练，能集中思想，做到处事有条不紊、谈吐简洁明了，那么必然会养成简洁的习惯。

我们从一个人处理书信的方式，更能看出他是否养成简洁的性格。许多人写信函往往是不合格的，不是过于冗长，就是写得拖泥带水。许多人因为写不好一封求职信而无法得到好的职位。有一个公司的经理在阅读自荐信的时候，从来只把简洁的信放在一边，他知道能写出简洁信函的青年，一定是个能干的青年，尽管他从来没有和那求职的青年谋面。而其他写信冗长的青年或写信夸夸其谈的青年，都不能引起这位经理的注意。

简洁是一种高素质逻辑思维的体现，条理清楚，层次分明，直接准确。就如同有的人一眼看去就给人一种精干的印象，他没有多余的赘肉与装饰，言谈举止绝不拖泥带水、拖拖沓沓。我们完全可以从日常的诸多小事入手，来练就这种本领。

学会比较才会不断进步

以人为镜，从比较中认识自我。我们每个人按照想象中的自我生活着，当出现偏差的时候，我们会自动调整自己的行为。

同样在以我们的方式做事情的时候，我们要通过比较来认识事物的发展与我们的期望之间的距离。

比较可以发现优势，也可以发现不足。比较能够使人清醒，使人自信。有了经常的比较，才能有不断的进步。

我们可以通过以下几点来做到。

明确比较的目的，是为了获取什么经验，还是控制什么，等等。

确立比较的对象，比如说我要做一个小模型，可以比较进度、成本、美观，等等。

确立比较的标准，如什么才是合格的要求。

实施措施，有可能是改进、调整，或是控制。

第五章 做事的技巧

ZUOSHI DE JIQIAO

把每一件简单的事做好就是不简单，把每一件平凡的事做好就是不平凡。

——张瑞敏

不要在冲动之下办事情

很多时候，我们情绪低沉，意兴阑珊，却并没有由此而推迟去做重要决策。多年以后，当我们返回头时，方知这些决策给我们造成多大的伤害。

一位美丽的姑娘与一位才华出众的意中人共坠爱河，家里人却极为反对，认为门不当户不对，小伙子家太穷了。姑娘极力坚持，却不料此时意中人意外地离去。姑娘遭受重大打击后，万念俱灰，便随意地听从父母的安排，嫁给一位自己并不爱的阔少爷。岁月流逝，姑娘会发现：她从一种伤痛走入了另一种更深的痛苦。

这是痛苦消沉时的决策。还有赌气时的冲动决策：你说不行，我偏要如何如何。还有得意忘形时的盲目决策。还有悲观失望时的无奈决策：算了吧，散伙吧，我们肯定没希望了。还有被挑衅激怒后的报复决策：我就不信我斗不过你、我治不了你，哼！

每临大事有静气，是能够做成大事者的基本素质之一。越是重大的决策，越是要心平气和、头脑冷静，周密地分析各种信息，判断各方局势，做出认真负责、科学的决策。

而当一个人情绪波动比较大或压力比较大时，仍然能做到冷静理智是一件很困难的事，这时候也是最危险的时候，因为我们可能丧失了清晰的分析判断能力，最容易做出糟糕透顶的决策。而且，这种时候，人心底还会有一种尽快摆脱这种境地的渴望：我不想在这儿待下去了，随便哪条路，只要能走开就行；或者是我气得受不了，先把气出了再说。

在各种冲动情绪下，我们极易干出后悔终生的傻事来。所以，在情绪不好的时候，首先想到的是平静，控制住自己的情绪，而不是匆忙决策。

我们做事情时要和多种因素进行协调，也包括自己的情绪。

不要以不同的标准看人看己

晚饭后，母亲和女儿一块儿洗碗盘，父亲和儿子在客厅看电视。

突然，厨房里传来打破盘子的响声，然后一片沉寂。

儿子望着他父亲，说道："一定是妈妈打破的。"

"你怎么知道？"

"她没有骂人。"

（注：我们习惯以不同的标准来看人看己，以致往往是责人以严、待己以宽。）

人都是有私心的，就像小孩子会把妈妈口中的蛋糕抢过来吃一样。由于私心，大家会习惯地站在自己的利益角度来看问题、看待人。对同样的一件事，我们会放松对自己的要求而严格对别人的要求，严于律己是很难在事事中都做到的。然而我们也只有克服了自己各种各样的懒散作风才能真正办事公正、不偏不倚。

当我们真的得到理由去责备别人的时候，要想想自己有没有犯这样的错误，或者会不会犯这样的错误，想好了再责备别人也不迟。这样作为领导，会得到下属的尊敬，作为同事，会得到同事的友情，因为你不是站在自己的发泄的角度，抓住别人的把柄不放，而是以一种宽容的态度去提醒别人、开导别人，因为谁也不希望把事情弄坏。

该低头时就低头

被称为美国人之父的富兰克林，年轻时曾去拜访一位德高望重的老前辈。那时他年轻气盛，挺胸抬头迈着大步，一进门，他的头就狠狠地撞在门框上，疼得他一边不住地用手揉搓，一边看着比他的身子矮一大截的门。出来迎接他的前辈看到他这副样子，笑笑说："很痛吧！可是，这将是你今天访问我的最大收获。一个人要想平安无事地活在世上，就必须时刻记住：该低头时就低头。这也是我要教你的事情。"

富兰克林把这次拜访得到的教导看成是一生最大的收获，并把它列为一生的生活准则之一。富兰克林从这一准则中受益终身，后来，他功勋卓越，成为一代伟人。他在一次谈话中说："这一启发帮了我的大忙。"

做人不可无骨气，但做事不可总是仰着高贵的头。

精准做事 | JINGZHUN ZUOSHI

别失去自我

有意识地牺牲自己而帮助别人的人是一个高尚的人,但许多人却在不自觉地牺牲自己而迎合别人,这些人是失去自我的人。

你是否因为别人表露出一种不以为然的态度就改变自己的立场?你是否因为别人不同意你的意见而感到消沉、忧虑?你是否在饭馆吃饭时,饭菜的口味并不令你满意,而你不敢提出意见,或者退回去,因为这样你怕服务员会不高兴?你是否处心积虑寻求别人的赞许,渴望得到别人的赏识,未能如愿时就情绪低落?曾有位年轻朋友这样向我诉说他的苦恼:

每当听到同事吆喝下班后一块去吃饭、喝酒、唱歌时,他便陷入进退两难的境地中。按个人意愿,他一点也不想去,只希望回家好好休息,看书,听听音乐,静静地享受独处省思的乐趣。

但他知道若是把这些想法讲出来作为婉拒的理由,会被同事取笑而成为笑柄。于是他压下了自己的意愿,顺从同事的模式,在喧闹、放荡、嬉笑中,度过一个又一个吃喝玩乐的夜晚。他越来越不快乐,越来越痛恨自己,想改变这种令他厌恶的上班式无味之友谊,想大声向同事们说"不",可又总提不起勇气。他甚至觉得自己就像头被人牵来牵去的猪。

还有一位书生气很浓的朋友下海经商。朋友们都说他不是一块经商的料：不抽烟、不喝酒、不会拉关系、不会与人讨价还价等，好像商人应具备的资质他全没有。但让大家跌破眼镜的是，他的公司在经过了一段艰难的沉寂之后，竟然生意兴隆，财源广进。他说："我只做好了最基本的几点，以诚待人，守诺守信，保证质量。客户们刚开始有些不习惯，现在都挺喜欢同我打交道的，省心省力还踏实。"

有些约定俗成的东西与大家都习惯的做法未必是完全正确的，也未必适合于你，只要你认为自己是对的，坚持一下又何妨？

一旦寻求别人的认同、赏识和赞赏成为你的一种需要，并久而久之形成一种潜意识的习惯，要想做到保持自我并逐渐进步就很困难了。如果你非要得到别人的夸奖不可，并常常向他人做出这种表示，那就没有人愿意坦诚相见了。有些人虽然会奉献出他们的赞美之词，但其内心未必对你有什么好感。同样，你更容易无法明确地阐述自己在生活中的想法，你会为了迎合他人的观点与喜好而放弃你的观点，甚至牺牲自己的价值。

系鞋带的大学问

有一位表演大师上场前，他的弟子告诉他鞋带松了。大师点头致谢，蹲下来仔细系好。等到弟子转身后，又蹲下来将鞋带解松。

精准做事 |JINGZHUN ZUOSHI|

有个旁观者看到了这一切，不解地问："大师，您为什么又要将鞋带解松呢？"大师回答道："因为我饰演的是一位劳累的旅者，长途跋涉让他的鞋带松开，可以通过这个细节表现他的劳累憔悴。"

"那你为什么不直接告诉你的弟子呢？"

"他能细心地发现我的鞋带松了，并且热心地告诉我，我一定要保护他这种热情的积极性，及时地给他鼓励，至于为什么要将鞋带解开，将来会有更多的机会教他表演，可以下一次再说啊。"

人一个时间只能做一件事，懂得抓重点，才是真正的人才。

积极影响别人

陈阿土是台湾的农民，从来没有出过远门。攒了半辈子的钱，终于参加一个旅游团出了国。

国外的一切都是非常新鲜的，关键是，陈阿土参加的是豪华团，一个人住一个标准间。这让他新奇不已。

早晨，服务生来敲门送早餐时大声说道："Good morning, sir！"

陈阿土愣住了。这是什么意思呢？在自己的家乡，一般陌生的人见面都会问："您贵姓？"

于是陈阿土大声叫道："我叫陈阿土！"

如是这般，连着三天，都是那个服务生来敲门，每天都大声说："Good

morning, sir！"而陈阿土亦大声回道："我叫陈阿土！"

但他非常生气。这个服务生也太笨了，天天问自己叫什么，告诉他又记不住，很烦的。终于他忍不住去问导游"Good morning, sir！"是什么意思，导游告诉了他，天呐！真是丢脸死了！

陈阿土反复练习"Good morning, sir！"这句话，以便能体面地应对服务生。

又一天的早晨，服务生照常来敲门，门一开陈阿土就大声叫道："Good morning, sir！"

与此同时，服务生叫的是："我是陈阿土！"

这个故事告诉我们，人与人交往，常常是意志力与意志力的较量。不是你影响他，就是他影响你，而我们要想成功，一定要培养自己的影响力，只有影响力大的人才可以成为最强者。

万事万物皆可为我所用

《庄子》讲过这样一个寓言。宋国的一家人，有一祖传秘方，冬天时涂在手上不生冻疮，皮肤不会皲裂。这家人靠这个秘方世世代代漂泊为生。有人路经这里，听说这家人有此秘方，提出用100两金子来买他们的秘方。客人买到手后，就去南方游说吴王。吴越地处海疆，主要靠海军守卫国土。他游说吴王成功，做了吴国的海军司令，替吴国练兵。

到了冬天，吴、越两国发生了海战，吴国的水兵涂了他的不皲之药，不怕冷，不生冻疮，结果打败了越国，此人因此立了大功，被割地封侯。同样一件东西，用法不同，效果就会有天壤之别，差别不在于东西本身，根本的原因在于"善不善假于它"。

中国古代有个"凿壁偷光"的典故，说的是汉代匡衡的故事。匡衡少时家贫却勤勉好学，他白天要干活赚钱糊口，晚上才能有时间学习，可他又买不起蜡烛。富有的邻居不肯"照顾"，他便在墙壁上凿了一个小洞，那样邻居家的灯光就可以透过来，匡衡也就可以读书学习了。这个典故虽然是说一个人在困厄时仍勤奋努力，但同时也从另一个角度给予我们一个重要的启示和思维倾向，那就是"善假于物"来解决问题，走出困境，求得快速发展和进步。

不要有"修补"心理

很多人对自己使用的东西都有一种修补心理。我们生活中做每件事情，都应该有一个大局的眼光，但是有时候我们常常被眼前的蝇头小利所迷惑，产生了这种极不科学的修补心理。

某家报纸曾经刊登过这样一个事例。一个香港的老板来内地投资，机器设备都是从国外进口的最好的，生产效率极高。但是有一天突然这个地方发了洪水，虽然经过奋力抢救大部分机器脱离了险情，但还是有

| 第五章 | 做事的技巧

一台设备没有被抢救出来。洪水退了,为了尽快恢复生产,香港老板就在当地市场上尽快采购了一台内地制造的机器来担当重任。

这台机器质量还过得去,用了一段时间也没有什么大的问题,但是不久它就原形毕露,各种小毛病开始显现出来。今天这个螺丝松了,明天那个零件坏了,总得不断修理,这样常常影响整个生产任务的顺利进行。老板想重新买一台进口的新机器,但是进口机器非常贵,再说这台机器也还能用,所以就这么一天又一天地耗着。但是那台内地产的机器还是不争气,总是出毛病,而且损坏的周期越来越短。到年底一算细账,就因为这台机器的各种小毛病,产量较上年度有明显的减少,这些损失加上维修费用等,足可以换一台进口机器了。香港老板这才下了决心,以低廉的价格把这台机器处理掉,从国外购置回一台新机器。

但凡我们想把一件事情做好的时候,都不能有凑合用的心理,应该更换的东西一定要更换,该重新购置的东西就重新买,只有这样才能提高整个工作的效率。细枝末节上的修修补补,虽然能够满足暂时的需求,但是从整个长远的计划完成的角度来看,这会是非常不明智的做法。

我们日常生活中有不少这样的例子,为了节省一些眼前看得见的钱,而宁愿花费大量的时间和精力去修补那些应更新淘汰的东西,用明天的收益做赌注。同样道理,在做事情和用人上也绝不能有此类凑合、修补心理,今天这儿出问题,明天那儿有毛病,既影响效率,又影响心情,而且这些薄弱环节总会在关键时刻掉链子,给你造成最大的损失。

不问一声地做事

有一个博士被分到一家研究所,成为学历最高的一个人。

有一天他到单位后面的小池塘去钓鱼,正好正、副所长在他的一左一右,也在钓鱼。

他只是微微点了点头,这两个本科生,有啥好聊的呢?

不一会儿,正所长放下钓竿,伸伸懒腰,噌噌噌从水面上如飞地走到对面上厕所。

博士眼睛瞪得都快掉下来了。水上漂?不会吧?这可是一个池塘啊。

正所长上完厕所回来的时候,同样也是噌噌噌地从水上漂回来了。

怎么回事?博士生又不好去问,自己是博士生啊!

过一阵,副所长也站起来,走几步,噌噌噌地飘过水面上厕所。这下子博士更是差点昏倒:不会吧,到了一个江湖高手集中的地方?

博士生也内急了。这个池塘两边有围墙,要到对面厕所非得绕十分钟的路,而回单位上又太远,怎么办?

博士生也不愿意去问两位所长,憋了半天后,也起身往水里跨:我就不信本科生能过的水面,我博士生不能过。

只听咚的一声,博士生栽到了水里。

两位所长将他拉了出来,问他为什么要下水。他问:"为什么你们可以走过去呢?"

两所长相视一笑:"这池塘里有两排木桩子,由于这两天下雨涨水正好在水面下。我们都知道这木桩的位置,所以可以踩着桩子过去。你怎么不问一声呢?"

学历代表过去,只有学习能力才能代表将来。尊重经验的人,才能少走弯路。一个优秀的人才应该能认识到自己的缺点和别人的优点,并尊重经验。

多说几句话的妙用

人的社会属性就是各种社会关系的总和。人们之间的误解往往是由于人们在做事的过程中特立独行、缺乏沟通。产生误解的人们不但不会合作,而且会想方设法地阻挠他们看不顺眼的事情。我们要把事情做好,不仅要得到自己良心的认可,还应得到大家的认可。这样,才叫作把事情做成功了。

不应有这样的心态:不求尽善尽美,但求问心无愧。我们应该以一种积极的心态去沟通,让大家了解和理解。否则,我们将会脱离群体,以一种自我为中心的态度去做事,最后被社会所淘汰。

例如,A准备把一台笔记本电脑连接在一间房子的网线接口上,来了一个过客模样的B，对他说道："这儿接不上。"A说："我试试看。"接着又忙活起来。B怒了："我跟你说了这儿接不上啊，你还在这儿干吗？"A又说："我再试试看。"说着又准备把电脑搬到另一个接口处去。弄了一会儿不行。B急了，过来挺用力地拍拍A的背："喂，喂，你在干吗呢？我跟你说了不行！"那口气活像在搞什么破坏一样。A火了，大声说："你拍我？！我知道不行就不弄了嘛！"B顿了一下，没吭声，走了。结果事没弄明白，大家心里一肚子火。

这是一件芝麻大的事，就是因为误解，大家弄得要剑拔弩张。拿B来说，第一，他没让别人弄明白他是谁，还以为是一多管闲事的人呢。其实他是那儿的实习管理员。第二，他以一种命令的口气对别人，首先就让人接受不了了。第三，他对为什么接不上不加丝毫解释，别人怎么知道他说的是对的？试一试又不影响什么，最多打压一下他的自尊心而已。第四，最忌讳的是他用了更让人误解的动作。幸好怕事闹大了，这才停止了争吵。拿A来说，他最终也没明白怎么就接不了，也没接上。第一，他没有积极地弄明白和他说话的是谁，而只是不理不睬。第二，他没有和管理员沟通他要做什么，像一个私自闯入的人。第三，他没有问为什么别人说不行，只一意孤行，也不知会有什么后果。第四，当管理员只是为了提醒他而拍拍他时，他火了，因为他忍了好久。

其实只要大家多说几句话，是没有人希望把局面弄得这样尴尬的。事情也会好做得多。

第五章 做事的技巧

思维定式

切苹果历来都是竖着切，人们从来都如此，谁也不曾想过横着切，而且还会认为横着切是错的。可是一个6岁的孩子却横着把苹果切开了，因为他脑子里没有"横着切是错的"这样的框框。于是人们就看到了苹果的横断面上的那个由果核组成的五角星。

可见，如果不改个切法，人们永远也发现不了这个五角星。所以，这件小事告诉我们，做事不要被固有的思维定式所束缚，另辟蹊径，则会别有洞天。

圆珠笔刚发明的时候，芯里面装的油较多，往往油还没用完，小圆珠就被磨坏了，弄得使用者满手都是油，很狼狈。于是很多人开始想办法延长圆珠的使用寿命，用过不少特殊材料来制造圆珠，但是珠子仍然在笔芯中的油没用完时就坏掉了。因而很多人认为圆珠笔将被淘汰。就在这时候，有人抛弃了改进圆珠的做法，改换思路，把笔芯变细，让它少装些油，使油在珠子没坏之前就用完了。于是，问题解决了，圆珠笔大行于世。由此可见，在某些时候，旧的思维定式不能解决问题，就一定要改换想法，另辟路径。

一位朋友在一家外企做会计。公司的贸易业务很忙，节奏也很紧张，往往是上午对方的货刚发出来,中午账单就传真过来了。随后就是快递过来的发票、运单等。朋友的桌子上总是堆满了各种讨债单。

讨债单太多了,都是千篇一律地要钱,朋友常不知该先付谁的好,经理也一样,总是大概看一眼就扔在桌上,说:"你看着办吧。"但有一次是马上说:"付给他。"仅有的一次。

那是一张从巴西传真来的账单,除了列明货物标的、价格、金额外,大面积的空白处写着一个大大的"SOS",旁边还画了一个头像,头像正在滴着眼泪,简单的线条,但很生动。这张不同寻常的账单一下子引起朋友的注意,也引起了经理的重视,他看了便说:"人家都流泪了,以最快的方式付给他吧。"

经理和这位朋友心里都明白,这个讨债人未必真的在流泪,但他却成功了,一下子以最快速度讨回大额货款。因为他多用了一点心思,把简单的"给我钱"换成了一个富含人情味的小幽默、花絮,仅此一点,就从千篇一律中脱颖而出。

世界上每天都有很多人在碰壁,他们都在用千篇一律的、规范但雷同的运作方式,其实一点小小的改进、一种新的方式就会给自己带来好运气。

|第五章| 做事的技巧

南瓜的力量

在美国麻省 Amherst 学院进行过一项很有意思的实验。实验人员用很多铁圈将一个小南瓜整个箍住,以观察当南瓜逐渐地长大时,它对这个铁圈产生的压力有多大。最初他们估计南瓜最大能够承受大约五百磅的压力。

在实验的第一个月,南瓜承受了五百磅的压力;实验到第二个月时,这个南瓜承受了一千五百磅的压力,并且当它承受到两千磅的压力时,研究人员必须对铁圈加固,以免南瓜将铁圈撑开。

最后当研究结束时,整个南瓜承受了超过五千磅的压力后才产生瓜皮破裂。

他们打开南瓜时发现它已经无法再食用,因为它的中间充满了坚韧牢固的层层纤维,试图突破包围它的铁圈。为了吸收充分的养分,以便于突破限制它成长的铁圈,它的根部甚至延展超过八万英尺,所有的根往不同的方向全方位地伸展,最后这个南瓜独自地接管控制了整个花园的土壤与资源。

我们对于自己能够变成多么坚强都毫无概念!假如南瓜能够承受如此庞大的外力,那么人类在相同的环境下又能够承受多少的压力?大多数的人能够承受超过我们所认为的压力。

有一位父亲很为他的小孩苦恼，都已经十六岁了，一点男子气概都没有。有一天，他去拜访一位禅师，请求这位禅师帮他训练他的小孩。

禅师说："你把小孩留在我这边三个月，这三个月你都不可以来看他。三个月后，我一定可以把你的小孩训练成一个真正的男人。"

三个月后，小孩的父亲来接回小孩。

禅师安排了一场空手道比赛来向父亲展示这三个月的训练成果。被安排与小孩对打的是一位空手道教练。只见教练一出手，这小孩便应声倒地。但是小孩才刚倒地便立刻又站起来接受挑战。倒下去又站起来……如此来来回回总共十六次。

禅师问父亲："你觉得你小孩的表现够不够男子气概？"

"我简直羞愧死了，想不到我送他来这里受训三个月，我所看到的结果是他这么不经打，被人一打就倒。"父亲回答。

禅师说："我很遗憾你只看到表面的胜负。你有没有看到你儿子那种倒下去立刻又站起来的勇气和毅力？那才是真正的男子气概。"

你是否也正面对一个以前从未遇到的困难呢？这个困难是否看起来相当的艰巨？能够被你克服吗？现在你唯一需要的，就是完全地相信你自己！你拥有比你自己想象中大得多的潜能！就像小南瓜一样将绑住你的钢圈挣脱。没有什么困难能够阻挡你！重要的是站起来的次数要比倒地的次数多一次！

|第五章| 做事的技巧

抱怨始于庸者

抱怨始于庸者,止于智者。现实工作中,确实有许多工作需要我们去做,面对出现的问题,我们要敢于停止抱怨,停止观望,停止叹息,重新审视我们的管理模式与工作状态,要有实际行动,要用我们的主观能动性弥补因制度本身缺陷带来的漏洞,要从自身的工作一点点做起。千里之行始于足下,而不是嘴上。扎扎实实工作,认认真真执行到位,才是我们真正要做的。

抱怨只会让你陷入一个怪圈:抱怨,工作越来越差,越来越多的抱怨。只有换一种思维方式才能把自己拯救出来,不停地抱怨只是失败者的行为。在战场上,你能抱怨敌人怎么那么多吗?你能抱怨为什么会有战争吗?不能!因为这丝毫帮助不了你打胜仗。因此我们要换种角度跳出怪圈,就像人们常说的一句话:改变不了环境,你只能改变你自己。抱怨只会徒增烦恼,并且延误我们打算改变自己的决心。

美琳凯的很多成功女性也是基于这一点来改变她们的命运的。因为人们对陌生人都会有戒心,不愿意聊太久。而这些女性要想在一个区打开产品市场,就必须不断进行陌生人预约。她们没有太多地抱怨陌生人的不理解,而是从自己的说话方式、眼神、动作等多方面进行改进,积累了一套直销经验和技巧。她们成功了，因为她们停止了抱怨，以智者的方式去适应这个市场、探索这个市场、打开这个市场。

亡羊补牢未晚

亡羊补牢未晚，怕就怕破罐子破摔。

亡羊的人如果认为羊丢失了就丢失了，也不去采取什么措施的话，那么只会让丢失的羊越来越多。如果他认为羊都已经丢了，没必要再采取什么措施了，这种心态只会造成他的任何风险都没有防护措施，损失随时都可能发生。

这种心态的另一极端就是破罐子破摔。因为一件事情没弄好，自己就开始灰心泄气，或者以各种自戕行为来发泄自己的不满或者愤懑。上班无精打采，工作丢三落四。故意迟到早退，甚至称病不上班。故意撂挑子。心里不高兴，嘴上不说，整天装出一副兴高采烈的样子，办事却推三让四，希望看上司闹笑话。或者干脆愤然辞职。尽管明知道新的环境未必能够适应，甚至还没有找到新东家就意气用事气愤而辞职。

这种工作方式只会让人产生鄙夷，因为这种发泄基本上是不能让大家同情或是让得意者受刺激的，不仅自己高兴不起来，也会断送了自己的前程。

即使我们办事情时哪个地方没做好受到批评、嘲笑或其他的刺激，都不应该自暴自弃，因为世界往往是柳暗花明的，说不定你又会做出一个决定让事情的局势峰回路转呢。因此千万别像小孩子一样撒气，我们需要一种坚韧和一点点"厚脸皮"，就能让失去的被你所获得的光芒掩盖住。

不要对小事掉以轻心

魏文王问名医扁鹊说："你们家兄弟三人，都精于医术，到底哪一位最好呢？"

扁鹊答："长兄最好，中兄次之，我最差。"

文王再问："那么为什么你最出名呢？"

扁鹊答："长兄治病，是治病于病情发作之前。由于一般人不知道他事先能铲除病因，所以他的名气无法传出去。中兄治病，是治病于病情初起时。一般人以为他只能治轻微的小病，所以他的名气只及本乡里。而我是治病于病情严重之时。一般人都看到我在经脉上穿针管放血、在皮肤上敷药等大手术，所以以为我的医术高明，名气因此响遍全国。"

防患于未然，可惜大多数的事业经营者均未能体会到这一点，等到错误的决策造成了重大的损失才寻求弥补。而往往是即使请来了名气很大的"空降兵"，也于事无补。我们做事时应该时时保持谨慎的态度，对事情发展过程中的任何一件小事都不要掉以轻心。

精准做事 |JINGZHUN ZUOSHI|

一箭双雕是做事的高招

南北朝时，北周有一个智勇双全的人叫长孙晟，具有百发百中的射箭技艺，无人敢与他相比。

北周的国王为了安定北方的少数民族突厥人，决定把一位公主嫁给突厥王摄图。为了安全起见，派长孙晟率领一批将士护送公主前往突厥。历经千辛万苦，终于到了突厥。摄图大摆酒宴，宴请长孙晟。酒过三巡，按照突厥人的习惯要比武助兴。突厥王命人拿来一张硬弓，要长孙晟射百步以外的铜钱。只听得"咯勒勒"一声，硬弓被拉成弯月，一支利箭"嗖"的一声射进了铜钱的小方孔。"好！"大家齐声喝彩。

从此摄图对长孙晟非常敬重，留他在突厥住了一年，并经常让他陪着自己一块儿去打猎。有一次，他俩正在打猎，摄图猛抬起头，看见天空中有两只大雕在争夺一块肉。他忙送给长孙晟两支箭说："能把这两只大雕射下来吗？""一支箭就够了！"长孙晟边说边接过箭，策马驰去。他搭上箭，拉开弓，对准两只正打得难分难解的大雕。"嗖"的一声，两只大雕便串在一起掉落下来。

一箭双雕是办事时的高招。可是要找到这种箭和技术是不容易的，要找到关联性很高的因素或事物才行。如人们的行为总是在特定的空间中进行的,员工1/3的时间是在工作场所度过的,他们通过空间去感知周围的变化,从中寻找自己的位置。通常来说,空间位置至少表示六种含义:关系、社会地位、压力感、权力、公开性和气势。提高士气、缓解员工心理压力,是人力资源管理的两个重要目标。通过变换空间位置来达到这两个目标,可谓一箭双雕。

据说美国有一家纺织厂,原准备给女工买些昂贵舒适的椅子放在工作台旁做休息用。后来,老板想出个花样:规定如果有人超过每小时的工作定额,她将在一个月里赢得椅子。奖励椅子的方式是:老板将椅子拿到办公室,请赢得椅子的女士坐在椅子上,然后在大家的掌声中由老板将她推回车间。老板的办公室是社会地位高的象征,将获奖员工请到办公室,本身就是对员工的赏识与价值认同;在常规思维下,员工应该为老板服务,而在这里换了个空间位置,员工坐椅子,老板推椅子,员工感受到了上司对他们的关心、尊重,突出了员工的主导地位,从而提高了"士气"。

借势造势

做事往往受环境、个人等多方面的限制。当某件事需要众人参与的时候,通过一些兵法战术才可达到领导众人的效果。

孙子曰:"故善战者,求之于势,不责于人,故能择人而任势。任势者,其战人也,如转木石……故善战人之势,如转圆石于千仞之山者,势也。"成功是化繁为简、提高效率的学问,一个人要想在有限的时间里成功,必须学会抢占制高点,借助各种有利条件迅速实现自己的目标。正像一个科学家所言:只有站在巨人的肩上你才能看得更远。

古时有个卖马人在马市上蹲了三天也未把马卖出去,他找到了伯乐,请求伯乐给予帮助。伯乐一看他的马,真的是匹千里马,就答应下来。第二天,当马市上交易正繁忙的时候,伯乐出现在千里马旁边,他左瞅右瞧,观察良久,后做依依不舍状离开。伯乐前脚刚走,很多买主就围过来,千里马很快出手,并且卖了一个好价钱。

"造势"一词虽新,其实历史却久远得很。春秋时的冯谖,可以说是善于"造势"的老祖宗。他的主人孟尝君被齐王免职,为了帮助主人东山再起,他四处活动,当众焚毁债券,收买人心,造成民众拥护的影响;西去秦国,说动秦王高薪聘请孟尝君,回头又把这个消息告诉齐王,使齐王不得不收回成命,重新任命孟尝君为相。

不过,比较起来,今人"造势"的水平和效率要高得多。作家余秋雨现在大红大紫,炙手可热,可他刚出道时那个窘状,很多人恐怕都不知道。据余秋雨《文化苦旅》的责任编辑王国伟说,那本书稿到他手上之前已遭两家出版社退稿,他拿了决定出版之后,征订数也只有区区1400本,也就是说连最低开印数也没有达到。于是他们发动传媒造势,书出版之前之后的一个月间,组织写作300多篇评论稿在全国各地主要报刊发表。结果一炮打响,洛阳纸贵,一版再版。当然,除了"造势"有功,还得说人家那文章确实不错。

| 第五章 | 做事的技巧

马尔克斯在因《百年孤独》成大名之前,已经写出了他最好的小说《格兰德大妈的葬礼》,但他的名气只限于文学小圈子,比起写作年龄比他短、年纪也比他轻的略萨和富恩特斯,名气小多了。可是他结交了一批朋友后,这群朋友教他并帮他"造势",那情况就不同了。在他还未动笔写《百年孤独》之前,已向出版界大力吹风,说有一部惊人之作将要出现,刚写了几章,就同时在各报发表小说的片段。当小说快要出版时,各大报刊登他的整版访问记,朋友们组织的评论文章连篇累牍。所以,小说后来惊人地畅销,并成为世界名著,也就水到渠成,顺理成章了。

后发制人

将欲取之,必先予之。《太平天国文书》云:"欲擒先纵,欲急故缓,待其懈而击之,无不胜者。"要想争取或征服对方,必须巧妙处理得与失、大得与小失的关系,有出有入,舍出孩子套住狼。毛泽东评价中国战史时说,中国古代很多战役都是双方强弱不同,弱者先让一步,后发制人,因而战胜对方。

1970年12月6日,联邦德国总理勃兰特出访荷兰。按照日程安排,勃兰特将于第二天向华沙无名烈士墓和华沙犹太人街区殉难者纪念碑献花圈。"二战"时期,波兰人死亡600万,很多人对德国人有敌视情绪。第二天,当勃兰特来到墓前时,突然扑通一声跪倒,代表德国向死难者认罪。这个出乎意料的举动不在计划安排之列，勃兰特也未同任何人商量。波兰东道主深为震惊，许多人为勃兰特的举动感动得热泪盈眶。勃兰特波兰之行，重塑了德国在整个世界的形象，赢得了波兰和其他国家的好感。1971年10月，诺贝尔奖委员会一致提名通过，授予勃兰特诺贝尔和平奖。

无论是做小事还是大事，都应该有一种全局的、战略的眼光。不计较太多当前的、个人的喜好，而是向着最终目标迈进。

给自己一个奖赏

台南有位著名作家，童年时家境贫寒，父母以卖豆腐维持生计。每天早上天尚未破晓时，他便与弟弟起身工作，两人沿街叫卖。他告诉弟弟说："我们把卖豆腐所赚的钱，拿回家给母亲，帮助家人过活。我们给自己的奖励品是你我共享一块豆腐，你一半，我一半。"

那块共享的豆腐，是他们劳动后换来的代价，是生命中愉悦的奖赏。生命必须付出代价，要劳苦，要历练，才能享受成果。适当的奖励，使得一切的劳动及付出获得了肯定。然而，奖励不一定要由别人来给，自我奖赏其实也一样令人满意，激励自己"百尺竿头，更进一步"。

从心理学的角度来讲，奖赏有一种强化作用，强化是指个体在学习过程中增强某种反应可能性的力量。例如，一位学生学习非常认真、刻苦，受到学校教师的表扬,他很高兴,随后他会出现更为认真、刻苦的学习行为。这里学生的学习行为受到强化,而教师的表扬便是强化物。斯金纳把能起强化作用的刺激物分为两类;一类是由于其呈现而增强反应频率的刺激,称为正强化物,如食物、娱乐等;另一类是由于其撤除而增强反应频率的刺激物,称为负强化物,如噪声、电击等。

定期给自己复位归零

哈佛大学校长来北京大学访问时,讲了一段自己的亲身经历。

有一年,校长向学校请了三个月的假,然后告诉自己家人,不要问我去什么地方,我每个星期都会给家里打个电话,报个平安。

校长只身一人,去了美国南部的农村,尝试着过另一种全新的生活。在农村,他到农场去打工,去饭店刷盘子。在田地做工时,背着老板吸支烟,或和自己的工友偷偷说几句话,都让他有一种前所未有的愉悦。

最有趣的是最后他在一家餐厅找到一份刷盘子的工作,干了四小时后,老板把他叫来,跟他结账。老板对他说:"可怜的老头,你刷盘子太慢了,你被解雇了。"

"可怜的老头"重新回到哈佛,回到自己熟悉的工作环境后,却觉着以往再熟悉不过的东西都变得新鲜有趣起来。工作成为一种全新的享受。

这三个月的经历,像一个淘气的孩子搞了一次恶作剧一样,新鲜而有趣。更重要的是，回到一种原始状态以后，就如同儿童眼中的世界，一切都那么有趣，也不自觉地清理了原来心中积攒多年的"垃圾"。

  以一定的状态，在固定的场合下生活久了，身心容易疲惫。成天被一直没解决的事情所烦扰着，这种心态会使人们根本跳不出自己所处的圈子很清醒地看问题、做事情。哈佛校长这样的"洗脑"方法让自己重新领悟了工作生活，能使他以另一种全新的角度来把事情做好。定期给自己复位归零，清除心灵的污染，才能更好地享受工作与生活。

第六章 **思考的艺术**
SIKAO DE YISHU

人不过是芦苇,性质极脆弱,但人是能思考的芦苇。

——帕斯卡

|第六章| 思考的艺术

任何一片叶子都有自己的魅力

　　任何一片叶子都不是完全相同的，而且任何一片叶子都有正反两面。世界是矛盾的结合体。任何一件事情都有正面和反面。当你换一种角度去看时，正面会变成反面，反面会变成正面。

　　美国作家马里杰·斯比勒·尼格有这样一个故事。

　　我年轻时自以为了不起，那时我打算写本书，为了在书中加进点"地方色彩"，就利用假期出去寻找。我要在那些穷困潦倒、懒懒散散混日子的人中找一个主人公，我相信在那儿可以找到这种人。

　　一点不差，有一天我找到了这么个地方，那儿是一个荒凉破落的庄园，最令人激动的是，我想象中的那种懒散混日子的味儿也找到了——一个满脸胡须的老人，穿着一件褐色的工作服，坐在一把椅子上为一块马铃薯地锄草，在他的身后是一间没有油漆的小木棚。

　　我转身回家，恨不得立刻就坐在打字机前。而当我绕过木棚在泥泞的路上拐弯时，又从另一个角度朝老人望了一眼，这时我下意识地突然停住了脚步。原来，从这一边看过去，我发现老人椅边靠着一副残疾人的拐杖，有一条裤腿空荡荡地直垂到地面上，顿时，那位刚才我还认为是好吃懒做混日子的人物，一下子成了一个百折不挠的英雄形象了。

从那以后，我再也不敢对一个只见过一面或聊上几句的人，轻易下判断和做结论了。感谢上帝让我回头又看了一眼。

多看一眼的前提是换一个角度，否则，再怎么看你也不会有新发现。

智慧的力量

世界著名军事家拿破仑说："在部队里面，勇敢的将军固然重要，但是善于动脑筋思考的将军更重要，一个士兵，更需要有这么一个智慧的将军。"其实，在生活的方方面面都如此。

世界著名的"酒店大王"希尔顿，觉得自己人生得到的最大一次启示，来自他12岁时的一段经历。当时在美国西部人人都带枪，但他爸爸不带枪，说："带枪的人必须依靠他拔枪的速度，不带枪的人，需要的是智慧，我相信智慧的力量会大过武器的力量。'"

希尔顿很快领教了父亲这句话的分量。一天，他突然发现爸爸在一个酒馆里面，被一个醉汉拿着枪逼着，若没有回答出醉汉的任何一个问题，就会被枪立即打死。面对这生死攸关的一瞬间，他却惊奇地发现爸爸平静得很，用一种非常感人的语调，慢慢地对那个拿枪的人说话，那人的态度渐渐软化，枪掉在地上了，那人竟然抱着他的爸爸哭了！

"智慧的力量大于武器的力量。"这一启示，指导了他后来的经营之道，最终成为闻名世界的"酒店大王"。

学会用思想去体味人生

"二战"快结束时,有个叫罗勃·摩尔的小伙子正在海军服役。他讲述了亲身经历的一件事。

1945年3月,我在中南半岛附近276英尺的海下,学习到了人生最重要的一课。当时我正在一艘潜水艇上,我们从雷达上发现了一支日本舰队——一艘驱逐护航舰、一艘油轮和一艘布雷舰朝我们这边开过来。我们发射了五枚鱼雷,都没有击中。突然那艘布雷舰直朝我们开来(一架日本飞机把我们的位置用无线电通知了它)。我们潜到150英尺深的地方,以免被它侦察到,同时做好应付深水炸弹的准备,还关闭了冷却系统和所有的发电机。

"3分钟后,天崩地裂。6枚深水炸弹在四周炸开,把我们直压在海底276英尺的地方。深水炸弹不停地投下,整整15小时,有十几二十个就在离我们50英尺左右的地方爆炸。要是深水炸弹距离潜水艇不到17英尺的话,潜艇就会被炸出洞来。"

"当时,我们奉命静静地躺在自己的床上,保持镇定。我吓得几乎无法呼吸,不停地对自己说:这下可死定了。"潜水艇的温度几乎40℃,可我却怕得全身发冷,一阵阵地冒冷汗。15小时后,攻击停止了,显然那艘布雷舰用光了所有的炸弹而离开了。

"这15小时,在我感觉好像有1500万年,我过去的生活——在眼前出现,我记起了做过的所有坏事和曾经担心过的一些很无聊的小事。我曾经担心过没有钱买自己的房子,没有钱买车,没有钱给妻子买衣服。下班回家,常常和妻子为一点芝麻小事而争吵。我还为我额头上的一个小疤——一次车祸留下的伤痕——发过愁。"

"所有这些年来的愁苦烦恼,在此时此刻都显得那么荒谬、渺小,而我过去居然对它们很在意。"

我们今天不可能再去海底体验那15小时,但有没有可能不再为额头上的伤疤而烦恼呢?

我们办事的时候,能不能用你的丰富的想象力去体味一下各种场景,使你的思想更加丰富、更加成熟呢?

一场可笑的冲突

有两位武士不约而同地走入森林里。第一位武士在树下看到金色的盾牌,第二位武士在同一棵树下看到了银色的盾牌。金盾牌银盾牌,两个人为此争吵不休,气得两人拔出剑来准备一决胜负。两人整整厮杀了几天都分不出胜负。当两人累得坐在地上喘息时才发现,盾牌的正面是金色反面是银色,原来这是一个双面盾牌。

记住，一个坚持己见者将会失去通融性。

你有没有和同事相持不下的情况？当我们总是认为我们在做事，别人管不着也理解不了的时候，就很容易因为某件完全可以解释清楚的小事而大动干戈，谁都不愿意退一步，把事情弄清楚再说。其实只要和对方交流一下，或站在对方的角度上去试试，很多矛盾就迎刃而解了。

换一种角度思考

有位秀才第三次进京赶考，住在一个经常住的店里。考试前两天他做了三个梦，第一个梦是梦到自己在墙上种白菜，第二个梦是下雨天，他戴了斗笠还打伞，第三个梦是梦到跟心爱的表妹脱光了衣服躺在一起，但是背靠着背。

这三个梦似乎有些深意，秀才第二天就赶紧去找算命的解梦。算命的一听，连拍大腿说："你还是回家吧。你想想，高墙上种菜不是白费劲吗？戴斗笠打雨伞不是多此一举吗？跟表妹都脱光了躺在一张床上了，却背靠背，不是没戏吗？"

秀才一听，心灰意冷，回店收拾包袱准备回家。店老板非常奇怪，问："不是明天才考试吗，今天你怎么就回乡了？"

秀才如此这般说了一番，店老板乐了："哟，我也会解梦的。我倒觉得，你这次一定要留下来。你想想，墙上种菜不是高种吗？戴斗笠打伞不是说明你这次有备无患吗？跟你表妹脱光了背靠背躺在床上，不是说明你翻身的时候就要到了吗？"

秀才一听，更有道理，于是精神振奋地参加考试，居然中了个探花。

积极的人像太阳，照到哪里哪里亮，消极的人像月亮，初一十五不一样。想法决定我们的生活，有什么样的想法，就有什么样的未来。换一种角度思考，会让你的人生有意想不到的改变。

思考隐藏在背后的真实

两个旅行中的天使到一个富有的家庭借宿。这家人对他们并不友好，并且拒绝让他们在舒适的客人卧室过夜，而是在冰冷的地下室给他们找了一个角落。当他们铺床时，较老的天使发现墙上有一个洞，就顺手把它修补好了。年轻的天使问为什么，老天使答道："有些事并不像它看上去那样。"

第二晚，两人又到了一个非常贫穷的农家借宿。主人夫妇俩对他们非常热情，把仅有的一点点食物拿出来款待客人，然后又让出自己的床铺给两个天使。第二天一早，两个天使发现农夫和他的妻子在哭泣，他们唯一的生活来源——一头奶牛死了。年轻的天使非常愤怒，他质问老天使为什么会这样，第一个家庭什么都有，老天使还帮助他们修补墙洞，第二个家庭尽管如此贫穷还热情款待客人，而老天使却没有阻止奶牛的死亡。

"有些事并不像它看上去那样。"老天使答道,"当我们在地下室过夜时,我从墙洞看到墙里面堆满了金块。因为主人被贪欲所迷惑,不愿意分享他的财富,所以我把墙洞填上了。昨天晚上,死亡之神来召唤农夫的妻子,我让奶牛代替了她。所以有些事并不像它看上去那样。"

有些时候事情的表面并不是它实际的样子。如果你有信念,只需要坚信付出总会得到回报。你可能不会发现,直到后来……所以永远不要被表面的现象所迷惑,用你的信念去思考隐藏在背后的真实。

煮熟的鸭子也会飞

进退之间,全在于人的把握。往往看似进,却是退。

小时候,有一次和祖父进林子去捕野鸡。祖父教我用一种捕猎机,它像一只箱子,用木棍支起,木棍上系着的绳子一直接到我隐蔽的灌木丛中。只要野鸡受撒下的玉米粒的诱惑,一路啄食,就会进入箱子。我只要一拉绳子就大功告成。

支好箱子,藏起不久,就飞来一群野鸡,共有九只。大概是饿久了,不一会儿就有六只野鸡走进了箱子。我正要拉绳子,又想,那三只也会进去的,再等等吧。等了一会儿那三只非但没进去,反而走出来三只。我后悔了,对自己说,哪怕再有一只走进去就拉绳子。接着,又有两只走了出来。如果这时拉绳,还能套住一只,但我对失去的好运不甘心,心想,总该有些要回去吧。终于,连最后那一只也走出来了。

那一次,我连一只野鸡也没能捕捉到,却得到了一个受益终身的道理:人的欲望是无法满足的,而机会却稍纵即逝;贪欲不仅让我难以得到更多,甚至连原本可以得到的也将失去。

炒过股票的人对这个故事体会最深。当手中的股票开始赚钱时,想着还会再涨,等等吧。当已往下跌时,想着前几天那个高点都没卖,现在卖只能赚这么点钱,等涨回点再说,结果成了套牢一族。煮熟的鸭子还会飞,就是这个道理。

不要让习惯绑住了我们

一根小小的柱子,一截细细的链子,拴得住一头千斤重的大象,这不荒谬吗?可这荒谬的场景在印度和泰国随处可见。那些驯象人,在大象还是小象的时候,就用一条铁链将它绑在水泥柱或钢柱上,无论小象怎么挣扎都无法挣脱。小象渐渐地习惯了不挣扎,直到长成了大象,可以轻而易举地挣脱链子时,也不挣扎。

驯虎人本来也像驯象人一样成功,他让小虎从小吃素,直到小虎长大。老虎不知肉味,自然不会伤人。驯虎人的致命错误在于他摔了跤之后让老虎舔净他流在地上的血,老虎一舔不可收,终于将驯虎人吃了。

|第六章| 思考的艺术

小象是被链子绑住，而大象则是被习惯绑住。

虎曾经被习惯绑住，而驯虎人则死于习惯（他已经习惯于他的老虎不吃人）。

习惯几乎可以绑住一切，只是不能绑住偶然。比如那只偶然尝了鲜血的老虎。

聪明的报童

任何一件看似简单的小事，用不同的脑子去思考都会有不同做法，同是卖报，有的卖得很好，有的就卖不出去。都说行行出状元，道理就在于此。

某一个地区，有两个报童在卖同一份报纸，二人是竞争对手。

第一个报童很勤奋，每天沿街叫卖，嗓门也响亮，可每天卖出的报纸并不是很多，而且还有减少的趋势。

第二个报童肯用脑子，除去沿街叫卖外，他还每天坚持去一些固定场合，一去了后就给大家分发报纸，过一会儿再来收钱。地方越跑越熟，报纸卖出去的也就越来越多，当然也有些损耗，但很小。渐渐地，第二个报童的报纸卖得越多，第一个报童能卖出去的越少了，不得不另谋生路。

为什么会如此？第二个报童的做法大有深意。

第一，在一个固定地区，对同一份报纸，读者客户是有限的。买了我的，就不会买他的，我先把报纸发出去，这些拿到报纸的人肯定不会再去买别人的报纸。等于我先占领了市场，我发得越多，他的市场就越小。这对竞争对手的利润和信心都构成打击。

第二，报纸这东西不像别的消费品，有复杂的决策过程，随机性购买多，一般不会因质量问题而退货。而且钱数不多，大家也不会不给钱，今天没零钱，明天也会一块儿给，文化人嘛，不会为难小孩子。

第三，即使有些人看了报，退报不给钱，也没什么关系，一则总会积压些报纸，二则他已经看了报，肯定不会去买别人的报纸，还是自己的潜在客户。

小小的一个卖报生意，就有这么多的技巧，可见，生意经是本永远学不完的书，任何时候，只要有自己独特的想法，就会有独特的收获。

不要戴着有色眼镜去做事

有个太太多年来不断指责对面太太很懒惰："那个女人的衣服，永远洗不干净，看，她晾在院子里的衣服，总是有斑点，我真的不知道，她怎么连洗衣服都洗成那个样子……"

直到有一天，有个明察秋毫的朋友到她家，才发现不是对面的太太衣服洗不干净。细心的朋友拿了一块抹布，把这个太太的窗户上的灰渍抹掉，说："看，这不就干净了吗？"

原来，是自己家里的窗户脏了。

每一个人都曾经遇到过不少愤世嫉俗的人，或者，你也有过一些看什么都不顺眼、永远觉得命运对自己比较坏的朋友，但在倾听他们的怨言之后，总会发现有句老话说得很妙：可怜之人，必有可恨之处。

看到外面的问题，总比看到自己内在的问题容易些；而错怪别人，也比检讨自己来得容易（检讨自己和责怪自己，又是两回事了），于是，愤世嫉俗的人常从年轻愤怒到老，遇上有人过得好，都想咬他一口，斜视久了的眼睛看什么都不顺眼。

当你背向太阳的时候，你只会看到自己的阴影，连别人看你，也只会看见你脸上阴黑一片。只拿愤世嫉俗来替代反省自己的机会对自己的成长是一种最大的耽误。

不要让自己落入愤世嫉俗的圈子，这样戴着有色眼镜去做事只能让你更加看不清这个世界。

凭空想象的可悲

一天晚上，在漆黑偏僻的公路上，一个年轻人的汽车抛了锚：汽车轮胎爆了！

年轻人下来翻遍了工具箱，也没有找到千斤顶。怎么办？这条路半天都不会有车辆经过，他远远望见一座亮灯的房子，决定去那个人家借千斤顶。

在路上，年轻人不停地在想："要是没人来开门怎么办？""要是没有千斤顶怎么办？""要是那家伙有千斤顶，却不肯借给我，那该怎么办？"……

顺着这种思路想下去，他越想越生气，当走到那间房子前，敲开门，主人刚出来，他冲着人家劈头就是一句："你那千斤顶有什么稀罕的？"弄得主人丈二和尚摸不着头脑，以为来的是个神经病人，"砰"的一声就把门关上了。

在这么一段路上，年轻人走进了一种常见的"自我失败"的思维模式中，经过不停的否定，他实际上已经对借到千斤顶失去了信心，认为肯定借不到了，及至到了人家门口，他就情不自禁地破口而骂了。在我们平时的生活中，也有许多人会对自己做出一系列不利的推想，结果就真的把自己置于不利的境地。

在做一件事前，你是否常在心中对自己说"可能不行吧，万一怎么样怎么样"，结果可能还没去做，你就没有信心了，事情十有八九就会朝着你设想的不利方向发展。

思考敏于行

1980年大学还没有毕业的美国青年戴尔靠卖电脑配件赚到了1000

美元,他在日记中写道:"用这 1000 美元可以做:一、搞一次不为世人皆知的酒会;二、买一辆二手的福特轿车;三、成立一家电脑销售公司。"第二天,戴尔就用这 1000 美元注册了公司,开始代销 IBM 电脑,一年后,他开始组装电脑,并推出了自己的品牌,由于可以采纳世界上各家电脑公司的配件,能满足各个档次的用户的需求,戴尔电脑很快成为热销品牌。如今,戴尔电脑的销售额全球第二,利润额全球第一。

我们从中得到的启发是我们真的需要学会思考,思考我们现有的资源,思考我们如何把事情串联起来达到它们最佳的用途。在行动前,这种发散性思考将有助于我们全面地把握和考虑事情,将所有的思考结果在头脑中进行过滤,找出最佳选择。

超级逆向思维的威力

一个刚退休的老人回到老家,在一座小城买了一所房子住下来,想在那儿宁静地打发自己的晚年,写些回忆录。

刚开始的几个星期,一切都很好,安静的环境对老人的精神和写作很有益。但有一天,三个半大不小的男孩子放学后开始来这里玩,他们把几只破垃圾桶踢来踢去,玩得不亦乐乎。

老人受不了这些噪声,于是出去跟年轻人谈判。"你们玩得真开心,"他说,"我很喜欢看你们踢桶玩,如果你们每天来玩,我给你们三人每天每人一块钱。"三个小青年很高兴，更加起劲地表演他们的足下功夫。过了三天，老人忧愁地说："通货膨胀使我的收入减了一半，从明天起，我只能给你们五毛钱。"

小年轻们很不开心，但还是答应了这个条件。每天下午放学后，继续去进行表演。一个星期后，老人愁眉苦脸地对他们说："最近没有收到养老金汇款，对不起，每天只能给两毛了。"

"两毛钱？"一个小年轻脸色发青，"我们才不会为了区区两毛钱浪费宝贵时间为你表演呢，不干了。"

从此以后，老人又过上了安静的日子。老人退休前是一家单位的工会主席。

工资福利是刚性的，只可涨不可跌，加之年轻人的逆反心理，老工会主席巧妙地达到了自己的目的。如若不是这样拐弯抹角，而直言相斥，毛孩子们则会更加调皮难缠。

做一下换位思考

一个人的错误，往往来自只从自己的一个角度思考问题。为了避免这样的错误，就得学会换位思考，并在此基础上调整行为的"频道"。

换位思考就是完全转换到原来对方的位置思考，从而更理解人、宽容人。

一次,大家要砸死一个妓女。耶稣说:"可以,谁没有犯过错误,就可以动手。"在场的每个人都问心有愧,最后谁也没有砸她。

为何所有人在耶稣的这个问题前变得不敢动手了呢?因为没有一个人有动手的资格——只要想到自己原来也有可能犯错,就能同情这位妓女了。

即使最没本事的人,在责备别人时往往也能够大发议论;即使是再聪明的人,在对待自己的缺陷时也往往糊涂。

发现最真实的自我

"认识自我"这句镌刻在古希腊德尔菲城那座神庙里的唯一的碑铭,犹如一把千年不熄的火炬,表达了人类与生俱来的内在要求和至高无上的思考命题。尼采曾说:"聪明的人只要能认识自己,便什么也不会失去。"如今,随着社会的不断发展,人们对于自我的认识,也进入了一个突破性的新阶段。事实上,每个人都有巨大的潜能,每个人都有自己独特的个性和长处,每个人都可以选择自己的目标,并通过不懈的努力去争取属于自己的成功。

认识自我,是我们每个人自信的基础与依据。即使你处境不利,遇事不顺,但只要你赖以自信的巨大潜能和独特个性及优势依然存在,你就可以坚信:我能行,我能成功。一个人在自己的生活经历中,在自己所处的社会境遇中，能否真正认识自我、肯定自我，如何塑造自我形象，如何把握自我发展，如何抉择积极或消极的自我意识，将在很大程度上影响或决定着一个人的前程与命运。换句话说，你可能渺小而平庸，也可能美好而杰出，这在很大程度上取决于你的自我意识究竟如何，取决于你是否能够拥有真正的自信。请记住，认识自我，你就是一座金矿，拥有自信、自主、自爱，你就一定能够在自己的人生中展现出应有的风采。

非黑即白的误区

在组织里，也很少有绝对的黑白。我们常碰到这种情况，许多决策出来时，执行的同人很容易立刻看到这个决策的缺点。

执行者需要的是更大的弹性与视野。所谓大的弹性，是能够反应决策的时间点；大的视野是上面的人下决策时，经理人就想办法扩大决策的优点，管理可能的后遗症与缺点。

1. 克服"非黑即白"障碍，可以寻求主管的指导。而主管与部属间良好的互动与沟通，是有效指导的基础。

如果你发现自己常常因为坚持一套标准，与主管或同事步伐不一致，就该主动问主管，从主管的角度去了解这个决策的优、缺点考量是什么。主管如果发现同人有这种问题，也该主动指导，告知决策的基础，以免影响团队的绩效。

2. 提升自己的视野,了解公司决策背后的环境与竞争情势。

持续阅读与学习新知识很重要。知识转化成自己的智能,才能正确地依据公司的需求,调整自己的做法,与团队一致。一个人若是不阅读,也不会有慧根去依据主管的建议做调整,这就进入"彼得定律"的无能级:升迁到一个自己无法胜任的职位。

不要把你的柠檬弄丢了

我们在生活中,都有可能被命运给予一些自己本来不希望拥有的东西。我们希望命运给我们的是黄金和钻石,但是命运恰恰给了我们一个柠檬。怎么办呢?大多数人会说:"完了,我还能做什么呢?这就是命运的安排。"于是我们可能把这个仅有的柠檬也给抛弃了。

美国芝加哥大学的罗吉斯特在谈到如何获得快乐的时候曾经如此说过:"我一直尝试着遵照一个小小的忠告去做我的事情,这是已故的西尔斯公司董事长裘利亚斯·罗山告诉我的。他说,如果有个柠檬的话,就想一想如何做柠檬水。"

住在美国弗吉尼亚州的一个农夫,出巨资买下了一片农场之后突然发现自己上当了,因为这块地坏得既不能种水果,也不能养猪。这里能够生长的只有白杨树和响尾蛇。在一番痛苦和后悔之后,他想到了一个很好的主意,要把这块坡地的价值利用起来——那些响尾蛇是关键。他的做法令每个人都很吃惊，因为他开始做响尾蛇罐头。几年后，他的生意已经做得非常大了，每年到他农场来参观的人高达几万人次。他从所养的响尾蛇中取出的蛇毒，运送到各大药厂去做蛇毒的血清，把响尾蛇的皮以很高的价钱卖给厂商去做鞋子和皮包，把响尾蛇的肉做成蛇肉罐头进行销售。由于他独到的眼光和天才般的贡献，他所在的村子现在已经改名为响尾蛇村。

威廉·波里索曾经忠告世人："生命中最重要的一件事情，就是不要拿你的收入来当资本。任何傻子都会这样做，但真正重要的是要从你的损失中获利。这就需要才智才行，也正是这一点决定了傻子和聪明人之间的区别。"

我们大多数人不幸被威廉·波里索言中，我们根本没有想过如何从损失中创造性地获得利润，我们都缺乏把眼前的不利因素巧妙地转化为有利因素的能力。不过，这种能力的缺乏恰恰主要是因为我们把大部分的时间都耗费在无聊的痛苦上了。我们舍不得花点脑力，想个办法来观察柠檬，所以我们从来都不曾做出一杯柠檬水，就更用不着谈什么成功这样伟大的事业了。

万事俱备，只欠东风，这只是一种美好的想象而已。什么时候，我们都不会具备完全理想的条件和资源，我们唯一能够抓住并有效利用的就是手上可供支配的这些资源，无论是金银珠宝抑或废铜乱铁，不要气馁，不要埋怨，不要随手将它们抛弃，它将是你走向成功的最原始的支点。

尼采对超人的定义是："不仅是在必要的情况下忍受一切，而且还要喜爱这种情况。"从无数成功者的历程中可以看到：他们刚开始的起步条件并不比我们优越多少,甚至还不如我们,他们所不同的就是没有在痛苦、抱怨中沉沦,而是积极地利用现有的这点资源努力进取,甚至把缺陷也做成了"特点",慢慢地,他们也就创造、积累了更多、更好的新资源。

培养自己的逻辑思维

挂一个漂亮的鸟笼在房间里最显眼的地方,过不了几天,主人一定会做出下面两个选择之一:把鸟笼扔掉,或者买一只鸟回来放在鸟笼里。这就是鸟笼逻辑。过程很简单,设想你是这房间的主人,只要有人走进房间,看到鸟笼,就会忍不住问你:"鸟呢?是不是死了?"当你回答"我从来都没有养过鸟时",人们会问:"那么,你要一个鸟笼干什么?"最后你不得不二选一,因为这比无休止的解释要容易得多。鸟笼逻辑的原因很简单:人们绝大部分的时候是采取惯性思维。可在生活和工作中培养逻辑思维是多么重要。

精准做事 | JINGZHUN ZUOSHI |

凡事不能过一个"度"字

从前,有位乐师能演奏许多美妙的乐曲,常常被人请去演奏,很受欢迎。有一次,乐师被一位大富翁请到府中表演,一曲曲优美的音乐令富翁心旷神怡。富翁听着很高兴,对乐师说:"如果你能照今天的曲目演奏下去,昼夜不息,我可以送给你百亩良田。"

乐师毫不在意,反问富翁:"若我一直演奏下去,你真的能一直听下去吗?"富翁以为乐师不敢接受这个苛刻的条件,便答道:"当然,只要你演奏着,我就听着。"

乐师很高兴地接受了富翁的苛刻条件。把乐器调了调,自己定了神,开始演奏起来,如水的曲调在富翁的屋内传开来,而富翁则躺在榻上,闭着眼睛尽情欣赏。乐师果然功力非凡,他三天三夜未曾停息,一遍又一遍地演奏着那首优美的旋律。第四天,富翁实在受不了了。现在他听着这首曲子,再也感受不到那优美动听的韵味了,全都变成了令他烦躁不安的噪声。第五天,富翁认输了,十分懊恼地给了乐师百亩良田,把乐师打发走了。

凡事不能过一个"度"字,再好的东西让你天天吃,你也会倒胃口。聪明的厨师就会把菜的量控制得恰到好处,越不够吃就越好吃。办事情要办到位就需要这样把握好尺寸。

失去联想也就失去很多

在美国各大学心理学论坛上最为流行、常为专家学者津津乐道的例子是两位专家买猫的启示,这个例子形象逼真地阐明了开发创造性思维能力的意义所在。

美国有一位工程师和一位逻辑学家,是无话不谈的好友。一次,两人相约赴埃及参观著名的金字塔。到埃及后,有一天,逻辑学家住进宾馆后,习以为常地写起自己的旅行日记。工程师则独自徜徉在街头,忽然耳边传来一位老妇人的叫卖声:"卖猫啊,卖猫啊!"

工程师一看,在老妇人身旁放着一只黑色的玩具猫,标价500美元。这位妇人解释说,这只玩具猫是祖传宝物,因孙子病重,不得已才出卖以换取住院治疗费。工程师用手一举猫,发现猫身很重,看起来似乎是用黑铁铸就的。不过,那一对猫眼则是珍珠的。

于是,工程师就对那位老妇人说:"我给你300美元,只买下两只猫眼吧!"

老妇人一算,觉得行,就同意了。工程师高高兴兴地回到了宾馆,对逻辑学家说:"我只花了300美元竟然买下两颗硕大的珍珠!"

逻辑学家一看这两颗大珍珠,少说也值上千美元,忙问朋友是怎么

精准做事 | JINGZHUN ZUOSHI |

一回事。当工程师讲完缘由，逻辑学家忙问："那位妇人是否还在原处？"

工程师回答说："她还坐在那里。想卖掉那只没有眼珠的黑铁猫！"

逻辑学家听后，忙跑到街上，给了老妇人200美元，把猫买了回来。工程师见后，嘲笑道："你呀，花200美元买个没眼珠的铁猫！"

逻辑学家却不声不响地坐下来摆弄琢磨这只铁猫，突然他灵机一动，用小刀刮铁猫的脚，当黑漆脱落后，露出的是黄灿灿的一道金色的印迹，他高兴地大叫起来："正如我所想，这猫是纯金的！"

原来，当年铸造这只金猫的主人，怕金身暴露，便将猫身用黑漆漆了一遍，俨然一只铁猫。对此，工程师十分后悔。

此时，逻辑学家转过来嘲笑他说："你虽然知识很渊博，可就是缺乏一种思维的艺术，分析和判断事情不全面、深入。你应该好好想一想，猫的眼珠既然是珍珠做成的，那猫的全身会是不值钱的黑铁所铸吗？"

可见，缺乏创造性的思维联想，将会带来多么大的损失，将会对个人的发展、事业的进取产生多么严重的影响。

第七章 关注细微之处

GUANZHU XIWEI ZHICHU

精准做事

> 小事成就大事,细节成就完美。
>
> ——戴维·帕卡德

| 第七章 | 关注细微之处

大事必作于细

老子曾说:"天下难事必作于易,天下大事必作于细。"这句话精辟地指出了想成就一番事业,必须从简单的事情做起,从细微之处入手。与此类似,20世纪世界最伟大的建筑师之一密斯·凡·德罗,在被要求用一句话来描述他成功的原因时,他也是只说了五个字:"魔鬼在细节。"他反复地强调如果对细节的把握不到位,无论你的建筑设计方案如何恢宏大气,都不能被称为成功的作品。可见对细节的作用和重要性的认识,古已有之,中外共见。也就是所谓"一树一菩提,一沙一世界",生活的一切原本都是由细节构成的,如果一切归于有序,决定成败的必将是微若沙粒的细节,细节的竞争才是最终和最高的竞争层面。

"泰山不让土壤,故能成其大;河海不择细流,故能就其深。"所以,大礼不辞小让,细节决定成败。在中国,想做大事的人很多,但愿意把小事做细的人很少;我们不缺少雄韬伟略的战略家,缺少的是精益求精的执行者;绝不缺少各类管理规章制度,缺少的是不折不扣的执行。我们必须改变心浮气躁、浅尝辄止的毛病,提倡注重细节、把小事做细。

细节体现素养

一个人的素质是从细节中体现出来的,因为只有从细节上严于律己、讲究分寸的人才能真正把事情做到位。从小事做起,事事认真到位是一种素质。任何细节,要做就做好,要么就别做,一粒老鼠屎也能坏一锅粥呢。

同是写一篇报告,有人就能把它做得像模像样,干干净净,整整齐齐,而有的人却马马虎虎,该做的没做,能做的也不做。就连报告中的表格也大小不一,非常难看。也许有人会辩解说形式不是问题,重要的是内容,但是如果连你能做的都不把它做好,那么怎么能说你确实努力去做这件事了呢?再说,拿国际会议标准来说,这些都是形式上的东西,可是如果这些形式上的东西也达不到的话,又能说哪个国家的国际会议是成功的呢?报告的质量既在内容也在形式,形式的差别就体现了人们做事的差别、素质的差别。

每当我们做一件事情的时候,就应该在心里立下一个标准,下次做这件事或类似的事情的时候就以这种标准做,不能有丝毫折扣。通过做普通的小事训练自己的素养,就能使自己真正变得不同起来,做更复杂的事也会得心应手。

|第七章| 关注细微之处

步步为营的策略

1984年，在东京国际马拉松邀请赛中，名不见经传的日本选手山田本一出人意外地夺得了世界冠军。当记者问他凭什么取得如此惊人的成绩时，他说了这么一句话：凭智慧战胜对手。

当时许多人都认为这个偶然跑到前面的矮个子选手是在故弄玄虚。马拉松赛是体力和耐力的运动，只要身体素质好又有耐力就有望夺冠，爆发力和速度都还在其次，说用智慧取胜确实有点勉强。

两年后，意大利国际马拉松邀请赛在意大利北部城市米兰举行，山田本一代表日本参加比赛。这一次，他又获得了世界冠军。记者又请他谈谈经验。

山田本一性情木讷，不擅言谈，回答的仍是上次那句话：用智慧战胜对手。这回记者在报纸上没再挖苦他，但对他所谓的智慧迷惑不解。

10年后，这个谜终于被解开了，他在自传中是这么说的："每次比赛之前，我都要乘车把比赛的线路仔细地看一遍，并把沿途比较醒目的标志画下来，比如第一个标志是银行；第二个标志是一棵大树；第三个标志是一所红房子……这样一直画到赛程的终点。比赛开始后，我就以百米的速度奋力地向第一个目标冲去，等到达第一个目标后，我又以同样的速度向第二个目标冲去。40多千米的赛程，就被我分解成这么几个小目标轻松地跑完了。起初，我并不懂这样的道理，我把我的目标定在40多千米外终点线上的那面旗帜上，结果我跑到十几千米时就疲惫不堪了，我被前面那段遥远的路程给吓倒了。"

在现实中，我们做事之所以会半途而废，其中的原因，往往不是难度较大，而是觉得成功离我们较远，确切地说，我们不是因为失败而放弃，而是因为倦怠而失败。我们稍微具有一点山田本一的智慧，一生中也许会少许多懊悔和惋惜。

精于观察

要学会在细节上下功夫，就必须精于观察。观察不仅能使我们注意到事物的真实状况，而且有助于我们更加深入地认识到事物的本质，指导我们的行为。

著名画家达·芬奇小时候训练画蛋，因为世界上没有两个完全一样的蛋，就如没有两个完全一样的人。观察这些蛋的区别，达·芬奇所获得的是透视物体的感觉、准确描绘一个物体的能力。科学家尤其需要观察的能力，在实验室里如果不仔细观察，他将错过新的发现的机会。

我们在做事情的时候，也需要观察。观察什么呢？观察隐藏在事情背后的条件，就连解数学题也有隐含条件呢。这些条件可能是一些潜规则，可能是一些难言之隐，也可能是一些被刻意掩盖住的东西，也可能是我们经常疏忽的方面……还要观察事情本身、事情的进展、事情的困难等。

总之，精于观察的人确实掌握了一门"手艺"，善于发现一些不为人所注意的东西，而这些东西关系到所要做的事情的质量，他们控制了这些东西，把事情做得更加令人满意，他就胜人一筹了。

体现你靠得住

同事间的人际关系中，最重要的是取得信赖。让别人信赖你，一方面可以避免别人对你的言行产生误解，另一方面有利于你的工作。

什么样的态度最容易博取别人的信赖呢？

1. 倾听对方谈话——训练口才不易，训练自己成为一名好听众更不容易，尤其是当对方滔滔不绝地向你诉苦或谈论个人问题时，总是令人感到十分不耐。但不论如何，请拿出你的耐心，认真聆听同事说话。

2. 言行一致——即使处理细微的琐碎事也不能掉以轻心，如有言行不一的情形出现，会破坏人们对你的信赖。

3. 对同事一视同仁——只和才干杰出或气味相投的同事亲近，而冷落他人的做法，往往会在无形中危害到自己对旁人的信赖度。

二号线的故事

现代商业的成败,在很大程度上已经由细节决定了。大笔的金钱投入下去,往往只为了赚取百分之几的利润,而任何一个细节的失误,就可能将这些利润完全吞噬。

就拿上海的地铁为例。上海的地铁一号线是由德国人设计的,看上去并没有什么特别的地方,直到中国人自己设计的二号线投入运营才知道其中有那么多的细节被二号线忽略了,结果二号线运营成本远远高于一号线。

1. 三级台阶

地铁一号线的每一个室外出口都不是和地面齐平的,要进入地铁口,必须踏上三级台阶,然后再往下进入地铁站。不要小看这三级台阶,在下雨天它可以阻挡雨水倒灌,从而减轻地铁的防洪压力。事实上一号线内的那些防汛设施几乎从来没有动用过,与之相比地铁二号线曾发生过雨天被淹的惨剧。

2. 转弯

地铁一号线的每一个出口都会转一个弯,不会直接通到室外,而二号线显然没有注意到这一点。这一个转弯大大减少了地铁站台和外部的热量交换，从而减轻了空调的压力，使得一号线的电费大大小于二号线。

3. 地面装饰线

一号线的站台最外边采用金属装饰，里面又用黑色大理石嵌了一条边，在里面铺设同一色彩地砖。这样的装饰，给予乘客心理暗示，从而使所有的人都会下意识地站在地砖所在的范围内，和地铁保持了大约50厘米的距离，保证了乘客的安全。而二号线地面全部用同色的地砖铺成，稍不注意就会过于靠近轨道，使得地铁公司不得不安排专门的人员来提醒乘客。

4. 站台宽度

一号线的站台比较宽，上下车比较方便，而二号线的站台比较窄，尤其其一、二层之间的楼梯比较窄。在高峰时间，显得非常拥挤。

较窄的站台，也使乘客无法看清楚对面的本站站牌，容易坐过站。这使得二号线重新装饰了所有的柱子，使每一个站台的柱子都不相同，以方便乘客辨认。但同时二号线也丧失了在柱子上做广告的收入。

5. 小缺口

地铁一号线在设计的时候留有站台门，地铁到达的时候，地铁门和站台门会对准，同时打开。没有地铁的时候站台门关闭。这进一步保存了站台的热量，节省电费。同时也保证了旅客的安全，使得旅客根本不可能跳下站台。

然而在实际运营的时候，一号线并没有安装站台门，但仍然可以在站台上看到门的导轨，导轨在每一个正对门的地方都留有一个缺口。

6. 其他

地铁一号线每一个站台的楼梯、柱子的位置基本上是相同的,这大大减少了设计时的绘图费用。从德国进口的车子的照明程度得到了精确的测量,当车厢壁上没有悬挂任何东西的时候,其亮度是相当舒适的。而目前由于大量张贴了广告,使得车厢内的照明偏暗。

搬一把椅子

生活中的奇迹,其实就发生在你不经意的言行之间。一句亲切的话语、一个友善的致意或一项小小的援助计划,都能让对方体会到你的爱心和真诚。

能和美国亿万富翁"钢铁大王"卡内基攀亲附缘,并在他的提携下走向事业的巅峰,让很多人不敢想象。可是,一个年轻人只用了一把椅子,就轻易地与"钢铁大王"齐肩并举,从此走向令人羡慕的成功之路。

那是一个阴云密布的午后,大雨瞬间倾泻而下,行人纷纷逃进就近的店铺躲雨。这时,一位浑身湿淋淋的老妇步履蹒跚地走进费城百货商店。看着她狼狈的姿容和简朴的衣裙,所有的售货员都对她爱搭不理。

这时,一个年轻人诚恳地对她说:"夫人,我能为您做点什么吗?"老妇莞尔一笑:"不用了,我在这儿躲会儿雨,马上就走。"随即,老妇又心神不定了,不买人家的东西,却借用人家的屋檐躲雨,太不近情理了。于是，她开始在百货店里转起来，哪怕买个头发上的小饰物呢，也给自己躲雨找个光明正大的理由。

正当她眼露茫然时，那个小伙子又走过来说："夫人，您不必为难，我给您搬了一把椅子，放在门口，您坐着休息就是了。"两小时后，雨过天晴，老妇人向那个年轻人道了谢，并随意地向他要了张名片，就颤巍巍地走了出去。

几个月后，费城百货公司的总经理詹姆斯收到一封信。写信人要求将这位年轻人派往苏格兰收取装潢一整座城堡的订单，并让他负责自家族所属的几个大公司下一季度办公用品的采购任务。詹姆斯震惊不已，匆匆一算，只这一封信带来的利益，就相当于他们公司两年的利润总和。

当他以最快的速度与写信人取得联系后，才知道这封信是一位老妇人写的，而她正是美国亿万富翁"钢铁大王"卡内基的母亲。

詹姆斯马上把这位叫菲利的年轻人推荐到公司董事会。毫无疑问，当菲利收拾好行李准备去苏格兰时，他已升格为这家百货公司的合伙人了。那年，菲利22岁。

随后的几年中，菲利以他一贯的踏实和诚恳，成为"钢铁大王"卡内基的左膀右臂，在事业上扶摇直上、飞黄腾达，成为美国钢铁行业仅次于卡内基的富可敌国的灵魂人物。菲利29岁时，已经为全美国的近百家图书馆捐赠了800万美元的图书，他希望用知识和爱心帮助更多的年轻人走向成功。

精准做事 | JINGZHUN ZUOSHI |

泰国酒店的高明之处

泰国的东方饭店堪称亚洲饭店之最，几乎天天客满，不提前一个月预订是很难有入住机会的，而且客人大都来自西方发达国家。泰国在亚洲算不上特别发达，但为什么会有如此诱人的饭店呢？大家往往会以为泰国是一个旅游国家，而且又有世界上独有的人妖表演，是不是他们在这方面下了功夫？错了，他们靠的是真功夫，是非同寻常的客户服务，也就是现在经常提到的客户关系管理。

他们的客户服务到底好到什么程度呢？我们不妨通过一个实例来看一下他们是如何把服务做到位的。

一位朋友因公务经常出差泰国，并下榻在东方饭店，第一次入住时良好的饭店环境和服务就给他留下了深刻的印象，当他第二次入住时几个细节更使他对饭店的好感迅速升级。

那天早上，在他走出房门准备去餐厅的时候，楼层服务生恭敬地问道："于先生是要用早餐吗？"于先生很奇怪，反问："你怎么知道我姓于？"服务生说："我们饭店规定，晚上要背熟所有客人的姓名。"这令于先生大吃一惊，因为他频繁往返于世界各地，入住过无数高级酒店，但这种情况还是第一次碰到。

| 第七章 | 关注细微之处

于先生高兴地乘电梯下到餐厅所在的楼层,刚刚走出电梯门,餐厅的服务生就说:"于先生,里面请!"于先生更加疑惑,因为服务生并没有看到他的房卡,就问:"你知道我姓于?"服务生答:"上面的电话刚刚下来,说您已经下楼了。"如此高的效率让于先生再次大吃一惊。

于先生刚走进餐厅,服务生小姐微笑着问:"于先生还要老位子吗?"于先生的惊讶再次升级,心想:"尽管我不是第一次在这里吃饭,但最近的一次也有一年多了,难道这里的服务生小姐记忆力那么好?"看到于先生惊讶的目光,服务生小姐主动解释说:"我刚刚查过电脑记录,您在去年6月8日在靠近第二个窗口的位子上用过早餐。"于先生听后兴奋地说:"老位子!老位子!"小姐接着问:"老菜单?一个三明治,一杯咖啡,一个鸡蛋?"现在于先生已经不再惊讶了:"老菜单,就要老菜单!"于先生已经兴奋到了极点。

上餐时餐厅赠送了于先生一碟小菜,由于这种小菜于先生是第一次看到,就问:"这是什么?"服务生后退两步说:"这是我们特有的某某小菜。"服务生为什么要先后退两步呢?他是怕自己说话时口水不小心落在客人的食品上,这种细致的服务不要说在一般的酒店,就是美国最好的饭店里于先生都没有见过。这一次早餐给于先生留下了终生难忘的印象。

后来,由于业务调整,于先生有三年的时间没有再到泰国去,在于先生生日的时候突然收到了一封东方饭店发来的生日贺卡,里面还附了一封短信,内容是:"亲爱的于先生,您已经有三年没有来过我们这里了,我们全体人员都非常想念您,希望能再次见到您。今天是您的生日,祝您生日愉快。"于先生当时激动得热泪盈眶,发誓如果再去泰国,绝对不会到任何其他的饭店,一定要住在东方饭店,而且要说服所有的朋友也像他一样选择。于先生看了一下信封,上面贴着一枚六元的邮票。六块钱就这样买到了一颗心。

到位的服务源于他们对细节的关注。

量化每一个细节

河豚肉质细腻,味道极佳,但这种鱼味道虽美,却毒性极强,处理稍有不慎就有可能致人死命。在中国,羡美味而"拼死吃河豚"的人,每年中毒、死亡者都达上千人。但同样是吃河豚,在日本却鲜有因此而中毒、死亡的事情发生。问题出在哪儿呢?

在日本,河豚加工程序是十分严格的,一名上岗的河豚厨师至少要接受两年的严格培训,考试合格以后才能领取执照,开张营业。在实际操作中,每条河豚的加工去毒需要经过30道工序,一个熟练厨师也要花20分钟才能完成。但在中国,加工河豚就跟做其他海鲜一样,加工过程随随便便,烹饪过程也没有经过太多的工序,其后果可想而知。

加工河豚为什么需要30道工序而不是29道?我想这30道工序绝不是平白无故地杜撰出来的,一定是经过精细的科学实验测试出来的(即便没有什么科学根据,就是从营销的意义上讲,这种宣传也会增加可信

第七章 关注细微之处

度),人家没有因吃河豚而中毒就是明证。可能经过20道工序的处理也不一定会死人,但粗糙的工序只能带来粗糙的感觉。从这一点来说,凡是精细的管理,一定是标准化的管理,一定要经过严格的程序化的管理。

十二次微笑

飞机起飞前,一位乘客请求空姐给他倒一杯水吃药。空姐很有礼貌地说:"先生,为了您的安全,请稍等片刻,等飞机进入平稳飞行后,我会立刻把水给您送过来,好吗?"

15分钟后,飞机早已进入了平稳飞行状态。突然,乘客服务铃急促地响了起来,空姐猛然意识到:糟了,由于太忙,她忘记给那位乘客倒水了!当空姐来到客舱,看见按响服务铃的果然是刚才那位乘客。她小心翼翼地把水送到那位乘客跟前,面带微笑地说:"先生,实在对不起,由于我的疏忽,延误了您吃药的时间,我感到非常抱歉。"这位乘客抬起左手,指着手表说道:"怎么回事,有你这样服务的吗?"空姐手里端着水,心里感到很委屈,但是,无论她怎么解释,这位挑剔的乘客都不肯原谅她的疏忽。

接下来的飞行途中,为了补偿自己的过失,每次去客舱给乘客服务时,空姐都会特意走到那位乘客面前,面带微笑地询问他是否需要水,或者别的什么帮助。然而,那位乘客余怒未消,摆出一副不合作的样子,并不搭理空姐。

临到目的地前,那位乘客要求空姐把留言本给他送过去,很显然,他要投诉这名空姐。此时空姐心里虽然很委屈,但是仍然不失职业道德,显得非常有礼貌,而且面带微笑地说道:"先生,请允许我再次向您表示真诚的歉意,无论您提出什么意见,我都将欣然接受您的批评!"那位乘客脸色一紧,准备说什么,可是却没有开口,他接过留言本,开始在本子上写了起来。

等到飞机安全降落,所有的乘客陆续离开后,空姐本以为这下完了,没想到,等她打开留言本,却惊奇地发现,那位乘客在本子上写下的并不是投诉信,相反,这是一封热情洋溢的表扬信。

是什么使得这位挑剔的乘客最终放弃了投诉呢?在信中,空姐读到这样一句话:"在整个过程中,你表现出的真诚的歉意,特别是你的十二次微笑,深深打动了我,使我最终决定将投诉信写成表扬信!你的服务质量很高,下次如果有机会,我还将乘坐你们的这趟航班!"

这就是到位的服务!

做事的大忌就是浮躁

年轻人做事的大忌就是浮躁。浮躁有几种表现。第一,事情做到一半,就觉得要大功告成了,开始飘飘然起来。第二,做事毛毛糙糙,巴不得立马干好，只讲速度，不讲质量。第三，处于一种烦躁状态：觉得事事都没什么可做的，没什么意义，做不出个什么名堂，没劲。

浮躁是通病，一般是由于刚出道的新手做事情还浮于表面，没有深入认识到事情的复杂性，或做事的意义。他们没有从事情的细节上去了解它，没有看到隐藏在事情背后的困难，或其所涉及的其他因素。他们的兴趣没有被提升起来，他们的挑战自己和别人的欲望也被压抑着。

作为初来乍到者，让自己沉下心来进入角色是非常重要的，越早地进入就意味着越早地步入事业的轨道。我们需要和同事进行沟通，和上级进行沟通，从老到的职员身上学东西。通过记日记的习惯把每天的收获和发现心得都记录下来是个很好的方法，它让我们每天都有一个全面反省的机会，每天都让自己成熟一些，做事少一些浮躁，多一份踏实。每天从细节上认识工作的质量、认识人们之间的关系，浮躁之气自然会少下来。

做事容不得半点马虎

从小学开始老师就不停地指出这个同学马虎、那个同学马虎，一直到工作了，还是会有上级不停地教训这个马虎、那个不认真。其实，马虎就是人们麻痹大意，忽视了该注意的东西，或者犯了可以避免的低级错误。比如说把什么重要的东西弄丢了、不小心把商业机密泄露给了别

精准做事 | JINGZHUN ZUOSHI |

人、写文件时该写的东西没写进去等,有些马虎没什么影响,可有些会关系重大。

马虎的坏处大家应该是非常清楚的。人们最容易马虎的就在于细节,那么如何使自己摆脱这坏习惯呢?第一,关键在于你的决心,培养自己一丝不苟的做事态度。在记事本上写上自己的做事态度,时常翻看激励自己。第二,三思而后行。做每件事情的时候,仔细想想要注意的方面,写下来,以防自己日后忘掉。第三,若是出现马虎,自己给自己一个惩罚,这种惩罚会加强自己以后对这事的印象。

窥斑见豹的力量

窥斑见豹就是从小方面看到大方面,从点看到面,从表象看本质。办事情的时候我们要把事情办到位就不能仅仅局限于一个点、一个步骤、一个动作。因为任何一个动作都会引起一系列的影响,这些影响又会反过来作用于我们。

我们办事情是按照我们对事情的理解去做的,因此如何理解所要办的事情是一个关键问题。一个善于观察和联想的人会从事情表现出来的一方面看到事情的其他方面,做与不做只在于有没有把其他方面也归入他所做的事情的范畴的区别。

一个思维缜密周到的人,会从一件小事、一个细节扩展到其他方方面面，在不经意间就能把事情做得很周全，很完备，很到位。

这种对细节的深刻认识就是对事情的深刻认识。

勤于关注事物的细节

曾国藩从五方面来阐述勤："大抵勤则难朽，逸则易坏，凡物皆然。勤之道有五：一曰身勤。险远之路，身往验之；艰苦之境，身亲尝之。二曰眼勤，遇一人，必详细察看；接一文，必反复审阅。三曰手勤。易弃之物，随手收拾；易忘之事，随笔记载。四曰口勤。待同僚，则互相规劝；待下属，则再三训导。五曰心勤。精诚所至，金石亦开；苦思所积，鬼神亦通。五者皆到，无不尽之职矣。"

我们要从生活的各方面来规范自己的行为，身、心、眼、口、手五方面都努力去完善了，就做到关注细节了。

要细心观察别人，教导下属，劝导同事；对事，要亲自体察，用心体会；对物，要仔细察看，弄得明明白白。

精准做事 │JINGZHUN ZUOSHI│

细节就是专业

能不能关注到细节不仅是个主观问题，也是一个客观问题。在分工越来越细的时代里，细节体现的就是专业水平，也只有更加精细的技术才能让你在某一个领域达到尖端水平。

我国前些年澳星发射失败就是细节问题：在配电器上多了一块 0.15 毫米的铝物质，正是这一点点铝物质导致澳星爆炸。

国际名牌 POLO 皮包凭着"一英寸之间一定缝满八针"的细致规格，20 多年立于不败之地。

微软公司投入几十亿美元来改进开发每一个新版本，就是要确保多方面细节上的优势，不给竞争者以可乘之机。只要保证产品在一比一的竞争中能够获胜，那么整个市场绝对优势就形成了，因而对于细节的改进是非常合算的。

著名的瑞士 Swatch 手表的目标就是在手表的每一个细微处展现自己的精致、时尚、艺术、人性。此外，随着季节，Swatch 不断地变化着主题。针盘、时针、分针、表带、扣环……无一不是 Swatch 的创意源泉。它力图在手表这样一个狭小的空间里，每一个意念都得到最完美的阐释。Swatch 尤其受到年轻人的拥护，其每一款图像、色彩，在每一个细微处，都暗含年轻与个性的密码，或许这就是它风靡的原因。

|第七章| 关注细微之处

细节价值观

把细节提升到价值观的高度是由于细节代表了人们对事情的思考角度,有没有把这些细节当成区分事物的关键标准。

麦当劳规定:牛肉饼烤出 20 分钟,没有卖掉就要丢掉。这就是量化细节。按照一般的粗放式的管理,别说 20 分钟,恐怕过了 2 小时也不肯扔掉。这就是麦当劳之成为麦当劳的原因。牛肉饼烤出 20 分钟内就要消费,这就是标准。你想想,要达到这样一条看来很简单的标准,背后需要做多少细致的工作!比如,客人多而要得又多时,现烤来不及,要让客人等——这是最让顾客头疼的事;而客人少,而烤得多时,又只好扔掉——这会大大增加经营成本。所以,既要不让客人等,又不多烤而扔掉,一定要对顾客需求经过详细的记录,找到一个客人数量与烤肉数量的一个合理比例,这样才能保证两者不误。这单单是烤肉一样,其他食品以及服务还有相应的标准要去执行,可以想见其中的细节是多么复杂了。

精准做事 | JINGZHUN ZUOSHI |

在提醒别人时也要提醒自己

人们往往提醒别人容易，提醒自己难；对别人苛求容易，对自己严格难。要在细节上时刻提醒自己注意，确实需要决心。

有个老太太坐在马路边望着不远处的一堵高墙，总觉得它马上就会倒塌，见有人向高墙走过去，她就善意地提醒道："那堵墙要倒了，躲着点走吧。"被提醒的人不解地看着她，大模大样地顺着墙根走过去了——那堵墙没有倒。老太太很生气："怎么不听我的话呢？！"又有人走来，老太太又予以劝告。三天过去了，许多人在墙边走过去，并没有遇上危险。第四天，老太太感到有些奇怪，又有些失望，不由自主便走到墙根下仔细观看，然而就在此时，墙倒了，老太太被掩埋在灰尘砖石中，气绝身亡。

提醒别人的时候，发现那都是自己很容易注意到的，可是自己一旦开始做了以后，就会发现其实这些细节自己也忘了，因为脑子里出现了懈怠或麻痹，或者想别的事情去了。

办事情的时候我们应该随身带个小本，在提醒别人的时候也提醒我们自己。

"打死我也不说"

罗斯福当海军助理部长时,有一天一位好友来访。谈话间朋友问及海军在加勒比海某岛建立基地的事。

"我只要你告诉我,"他的朋友说,"我所听到的有关基地的传闻是否确有其事。"

这位朋友要打听的事在当时是不便公开的,但既然是好朋友相求,那如何拒绝是好呢?

只见罗斯福望了望四周,然后压低嗓子向朋友问道:"你能对不便外传的事情保密吗?"

"能。"好友急切地回答。

"那么,"罗斯福微笑着说,"我也能。"

"出我的口入你的耳,切莫向第三个讲起。"这全是自欺欺人的废话,你任何时候都不能指望别人就某事守口如瓶。你可以给好朋友说,他也会同样地给他的好朋友说,唯一的解决办法就是"打死我也不说"。

细节体现个性

个性是由细节体现出来的。一件很普通的裙子加上了一颗珍珠吊坠味道就不一样了,简历的封面改成扑克牌的样子就很吸引人了。我们想把事情做得有个性化,就必须在细节上下功夫。

做事做到位,到谁的位?有可能是顾客,有可能是自己,有可能是上级,有可能是朋友,等等。无论怎样,到位是要让对象满意。如以顾客为对象的,要突出个性化服务。产品的一个小设计就能满足一类顾客的需要。如海尔冰箱不仅制作普通大众的型号,而且也做按单个客户特殊要求设计的冰箱,对冰箱的细节功能进行改造即可。对上级要树立自己的个性化工作方式,也可以从边边角角的小事上着手。让上司知道这就是你到位的工作方式。

创新就是这样产生的

创新往往不是突然发明个什么让人莫名其妙的东西,而几乎都是在对前人的事物和经验上进行改进得来的。创新的源头其实就是对已有的

第七章 关注细微之处

思想的某一点进行深挖，这就是细节的魅力。现在社会分工越来越精细，各个行业也越来越艰深，要想有突破是不容易的事。我们需要通过观察细节，进行联想。

比如，有个单位有一项工作是专门记录来信内容，工作人员要快速地读完一封信，并在电脑里输入自己所归纳的信的内容。每天来信很多，他们不得不一整天都坐在电脑边上，重复着许多类似的工作，非常枯燥，而且很累人。其中一名青年发现这些信很多内容很相似，完全可以把相似的内容归类，以后直接输入就行，不用重新概括内容，这样查找起来也会非常方便。于是他就设计了这么一个信息管理系统，效率提高了几倍。

这里的关键是青年在经验的基础上对细节进行了总结，发现了一些规律可以用来节省时间精力。他没有什么惊天动地的发明，而是把更加合适的方法技术用在了相应的事情上。这样一处理，记录信息的工作就非常到位了。

第八章 重视信息的作用

ZHONGSHI XINXI DE ZUOYONG

> 掌握信息越多或越新的人,就越能支配他人。
>
> ——《信息时代》

|第八章| 重视信息的作用

信息决定成败

美国肯德基炸鸡早已为国人所熟悉，但对它是如何打入中国市场的，知道的人却不多。肯德基炸鸡打入中国市场的一个重要经验，就是在广泛收集信息的基础上进行科学的预测。

起初，肯德基公司派一位执行董事来中国考察市场。他来到北京街头，看到川流不息的人流，穿着都不怎么讲究，就报告说，炸鸡在中国有消费者，但无大利可图，因为中国消费水平低，想吃的多，但掏钱买的少。由于他没有进一步进行相关信息的收集整理，仅凭直观感觉、经验做出预测，被总公司以不称职为由降职处分。接着公司又派了另一位执行董事来考察。这位先生在北京的几个街道上用秒表测出行人流量，然后请500位不同年龄、职业的人品尝炸鸡的样品，并详细询问他们对炸鸡的味道、价格、店堂设计等方面的意见。不仅如此，还对北京的鸡源、油、面、盐、菜及北京的鸡饲料行业进行了详细的调查。经过总体分析，得出结论：肯德基打入北京市场，每只鸡虽然是微利，但消费群巨大，仍能赢大利。果然，北京的第一家肯德基店开张不到300天，就赢利高达250多万元。

精准做事 │JINGZHUN ZUOSHI│

仔细核实每个重要信息

一次一个领导对一个刚来的年轻人说："我这个电脑的 Word 里的复制好像不能用了，你拿去赶快处理一下。"那个年轻人接过电脑，就有一种冲动，赶快下载一个新的不就好了？但是他转念一想：还没弄明白到底是什么问题呢，就这样，太草率太匆忙了吧。于是他把 Word 打开看看，试着复制了一下，奇怪，明明一点问题也没有！他赶紧到领导那去，比较含蓄地问了一句："刚才是怎么操作而不能复制的？ Word 是可以用的啊。"领导赶忙问了一句："你是直接安装了一个新的吗？"年轻人说："我先看了一下问题到底出在哪儿。没想到是好的，可以用啊。"领导满意地点了点头。年轻人立马明白了原来领导是要用这么一件小事的细节来考验他。

办事情时我们有一种倾向，直接套用别人告诉我们的信息，不愿自己再去把这些信息核实一下以确保它们的正确。而往往就是这些前提信息往往使我们事倍功半，它们的不准确性使我们后来所做的很多事情都是徒劳。因此在接受一件事情的时候，一定要秉着认真负责的态度把事情的前提信息弄清楚。

发掘每一条信息的潜力

有一家效益相当好的大公司,决定进一步扩大经营规模,高薪招聘营销主管。广告一打出来,报名者云集。面对众多应聘者,招聘工作的负责人说:"相马不如赛马。为了能选拔出高素质的营销人员,我们出一道实践性的试题:想办法把木梳尽量多地卖给和尚。"

绝大多数应聘者感到困惑不解,甚至愤怒:出家人剃度为僧,要木梳有何用?岂不是神经错乱,拿人开涮?过一会儿只见应聘者接连拂袖而去,几乎散尽。最后只剩下三个应聘者:小伊、小石和小钱。

负责人对剩下的这三个应聘者交代:"以10日为限,届时请各位将销售成果向我汇报。"10日期到。负责人问小伊:"卖出多少?"答:"一把。""怎么卖的?"小伊讲述了历尽的辛苦,以及受到众和尚的责骂和追打的委屈。好在下山途中遇到一个小和尚一边晒着太阳,一边使劲挠着又脏又厚的头皮,小伊灵机一动,赶忙递上了木梳,小和尚用后满心欢喜,于是买下一把。

负责人又问小石:"卖出多少?"答:"10把。""怎么卖的?"小石说他去了一座名山古寺。由于山高风大,进香者的头发都被吹乱了。小石找到了寺院的住持说:"蓬头垢面是对佛的不敬。应在每座庙的香

精准做事 | JINGZHUN ZUOSHI |

案前放把木梳，供善男信女梳理鬓发。"住持采纳了小石的建议。那座山共有 10 座庙，于是买下 10 把木梳。

负责人又问小钱："卖出多少？"答："1000 把。"负责人惊问："怎么卖的？"小钱说他到一个颇具盛名、香火极旺的深山宝刹，朝圣者如云，施主络绎不绝。小钱对住持说："凡来进香朝拜者，多有一颗虔诚之心，宝刹应有所回赠，以做纪念，保佑其平安吉祥，鼓励其多做善事；我有一批木梳，你的书法超群，可先刻上'积善梳'三个字，然后便可做赠品。"住持大喜，立即买下 1000 把木梳，并请小钱小住几天，共同出席了首次赠送"积善梳"的仪式。得到"积善梳"的施主与香客，很是高兴，一传十，十传百，朝圣者更多，香火也更旺。这还不算完，好戏更在后头。住持希望小钱再多卖一些不同档次的木梳，以便分层次地赠给各种类型的施主与香客。

听起来荒诞不经。但梳子除了梳头功能，有无别的附加功能呢？我们在听别人的经验的时候，是否会扩展我们的想象力把它做得更好？

重视信息的转化

有三个人要被关进监狱三年，监狱长答应他们三个一人一个要求。

美国人爱抽雪茄，要了三箱雪茄。

法国人最浪漫，要一个美丽的女子相伴。

而犹太人说，他要一部与外界沟通的电话。

三年过后，第一个冲出来的是美国人，嘴里鼻孔里塞满了雪茄，大喊道："给我火，给我火！"原来他忘了要火了。

接着出来的是法国人。只见他手里抱着一个小孩子，美丽女子手里牵着一个小孩子，肚子里还怀着第三个。

最后出来的是犹太人，他紧紧握住监狱长的手说："这三年来我每天与外界联系，我的生意不但没有停顿，反而增长了200%，为了表示感谢，我送你一辆劳施莱斯！"

这个故事告诉我们，什么样的选择决定什么样的生活。今天的生活是由三年前我们的选择决定的，而今天我们的抉择将决定我们三年后的生活。我们要选择接触最新的信息，了解最新的趋势，从而更好地创造自己的将来。信息的畅通是所有企业发展的前提，特别是在我们现今这个信息时代，丧失了通畅的信息渠道也就意味着丧失了对顾客以及竞争对手的了解，丧失了企业竞争与发展的先机，这是万万不可的。

现代文明面临的最大危机，是如何将信息转换为有组织的知识体系。

不要忽略重要记录

在创业者的生活工作中，下列一些记录是相当重要的，应该随时把信息记录下来。

1. 电话记录的信息

活动记录以及会议记录对管理好信息具有特殊的重要性。它可以帮助你更好地支配时间,防止重要任务没有完成、重要协议没有履行等事情的发生,你只把这些记在头脑中是不行的。

2. 电话日志的信息

电话日志使你能查到是谁给你打电话、为什么打以及你是否给他们回过电话。你还可以查询电话费用,包括长途电话费用。如果理由充分的话,你会得到赔偿。这就是一个关于电话日志作用的例子。活动记录允许你查看一下你是如何支配时间的。任何个人企业都会从这种记录中获益,因为这种记录可以被用来作为决定和如何管理时间的依据。这种记录对企业时间安排具有特殊的重要性。活动记录所记录的最细微的信息包括日期、目的、当事人、旅行的千米数或所花钱数。如果能用带袖珍日历的笔记本记日记,因日期早已写好,你可以省点笔墨,而且许多袖珍日历在每页的小角上都印有一张表格,用于记录花销,你只需将表填好就可以了。

3. 会议记录的信息

做会议记录与对其他活动的记录一样重要。不过,记录会议内容需要更多空间,袖珍日记本提供的远远不够,因此手头要时常准备好纸。记下日期、目的以及出席人员。另外,这种想法也不错,即将议事日程、就会议所讨论内容做一个罗列、何时何地举行会议、下次会议所讨论的话题、各位出席人员就当前会议达成什么样的行动协议或者为下次会议所做的准备等内容都做一个记录。

当然,有很多信息的取得是没有什么规律的,因此要留心生活。

二次利用的妙处

变废为宝。一句老话。我想在这里强调的是不要随意丢弃文件。

信息是可以二次利用的。我们应该找出信息之间的关联，自己进行消化整理，以备不时之需。可以二次利用的信息很多，关键是我们要建立自己的信息平台，在这个平台上进行整理、整合。

比如，对某一项业务的一贯记录，我们可以选择一些方面进行整理，找出资料间的联系。有横向联系，也有纵向联系。然后对这些资料进行二次整理、回收。很多资料不要随意丢掉，能够变废为宝是不错的方法。对信息的换角度认识会让我们在办事情的时候又多一个指南。

信息不对称时怎么办

信息不对称普遍存在于这个世界中，使人们在进行交易或者谈判等等事情的时候处于各种位置，有利的、有害的都有。人们为了防止信息不对称，也会想出各种招数。

比如招聘的时候，招聘人对于应聘人的信息是处于劣势的，他只能通过简历和面试来区别应聘者的优劣。而一般真正有能力的应聘者会开很高的工资价位，这样可能会出现一种情况就是实际上没有那么高能力的人也会提出那么高的工资以抬高他的身价，因此招聘人在摸不清情况的时候会倾向于选择招聘开出比最高工资低一些的人，相应水平也没那么高，但这样最保险。那么真正有能力的人可能很难找到让他满意的工作了。

在谈判、买卖的时候会经常出现这种信息不对称，往往是一对多的情况。我们不可能花更大的代价去把我们需要的信息都找全，只能把风险控制在一定的程度上，做出万全的决策，而不一定是最好的。因此把事情做到哪个份上是不可一概而论的，它们所对应的信息成本是不一样的，我们只有在我们的控制范围里把它做到最完美。

处理好灰色信息

灰色信息是指那些内容复杂、信息量大、形式多样、出版迅速、通过正规渠道无法得到的文献资料。我们很容易就把灰色信息与商业秘密联系起来了。其实，办很多事情的时候，都会涉及灰色信息。比如，要想知道一个行业的发展前景、机构内部的专刊等，我们需要通过自己特殊的渠道才能获得。

对于这些灰色信息,应该建立起自己的搜集它们的渠道网络。第一,可以与各种信息媒介建立联系,获取不公开的信息,或者及早获取将要公开的信息等,这样及时全面地获取的信息会有很大帮助。第二,与各种消息灵通的人事先取得联系,在这个信息时代,有很多人从事这个行业。第三,要注意保管好自己的这些不易获得的信息,许多信息也许现在用不着,将来某个时候也许就会助你一臂之力。

办事程度差别很多就体现在事情所含的信息量上。

防止信息阻塞

当前,我们处于信息时代,进修学习、经济活动,包括娱乐休闲,都交织着丰富的信息交换过程。人参与信息传递,并根据需要进行筛选。然而,用宿命的观点说,人的一生,能做多少事是有个限度的。有限的精力,获得的信息必然也只能是冰山一角。这构成信息阻塞的主观方面。即使进入了数字时代,信息的传播渠道仍然存在一个阈值,第一时间获得所需的全部信息只会是一个小概率事件。这构成信息阻塞的客观方面。

可见,信息阻塞不仅仅是技术问题,我们应该理性地去面对。信息的不通畅,意味着风险加大。很可能会用正确的方法做错误的事,或者直接的方法错误。产生这些错误,大都是由于没有可靠信息情况,却急功近利、鲁莽冒进。金庸武侠小说中有一著名心法,为各门派大侠所广为使用,那就是"以静制动,以慢击快,后发而先制"。在信息阻塞的情况下,沉着应对,韬光养晦,可谓一可用方法。

狡兔三窟,这是兔子的精明,对于未来不可测的变化,预防当然是最好的方法。先分析所有可能出现的情况,再积极地做出预防,就可以无往而不利了。"一件小事,可以成全你,也可以败坏你。"如果是在浮浮沉沉、变幻莫测的商海,这种积极的防备,就更是必不可少的了。

如果你已经能够步步为营,对未来事件的变化,就像港版《无间道》一样,设计出种种结局,那么恭喜了,即使信息阻塞,也不会影响你事业的更上一层楼。

积极交换信息

信息,广义地理解的话,它作用于人的一生。简单地将人与信息的关系按人的成长历程划分为三个阶段:一、接收信息阶段;二、交换信息阶段;三、传播信息阶段。将它与人生的三个心态做一比较。第一阶段,亲和力强,讨人喜爱;第二阶段,独立自主,积极向上;第三阶段,老练稳重,固执己见。对外界的感受力和年龄的关系就像鸡和蛋的关系一样,我们很难判断孰先孰后,但它至少感性地反映了一点,当你交换信息的欲望下降的时候,很可能你也"廉颇老矣"。

当然,这是从人本的角度来分析积极交换信息意味着什么。如果从操作的层面上看,它的价值又体现在哪些方面呢?

1. 用一句流行语可以概括为:提高魅力指数。愿意共享信息的人,更容易赢得别人的尊敬。坦荡无私的胸怀、乐于助人的品质,都将成为修饰你人格的偏正结构短语。

2. 大大拓宽你获得信息的渠道。当你与两个人交换信息,你就同时享有了三个人的信息;当你与三个人交换信息,你就同时享有了四个人的信息……

3. 改进人际关系,提高自我修养。

"独乐乐,与众人乐乐,孰乐?"当我们回答"与众人乐乐"时,这显示的是一种豁达的处世态度。快乐别人的快乐,痛苦别人的痛苦,这当然需要倾注内心的情感因子,但关键在于是否由己及人、时时设身处地地站在对方立场上。

当我们确立了正确的价值理念后,积极交换信息,只是"张嘴之劳"而已。

写日记

成功者通常有写日记的习惯,日记是记录当天的重要事件或成长学习心得,宛如一处反省的园地。世上的伟人几乎都有把想法记录下来的习惯。当你把心得记录下来的那一刻,你的思想就专注在那一点。由于人的头脑不可能停止活动，因此写日记能帮助你训练集中注意力，愈能集中力量则愈强。

日记也有隔离的作用。如同坐云霄飞车，坐在车内感觉比较深刻，在车外观看比较不深刻一样。若把问题写在纸上，已隔离了心中的感觉，因此，在脑内想起来十分严重的问题，会变得没那么严重。

写日记的十大法则：

1. 保持弹性

你不必规定一些严格规则，诸如美观、整齐、格式等，因为写日记的目的是让思想具体呈现，因此只要能显示当时的情形，无须计划其工整与否或字体是否一致。

2. 持续

持续等于成功。

并无硬性规定要每天写，但一定要时常写。

持续写日记不但不会浪费时间，反而会得到超乎想象的报酬，是项值得的投资。

3. 用来设计你的生命

当你把目标写在纸上时，就已将它具体化了，因此，你可以在日记中设计价值及中心思想，犹如一本生活教科书一般。

4. 记录每件事的差异化

每当学到从不同的角度看事情，学到不同的体验或新技巧时，必须将这些与原先想法有差异的部分记下来。

5. 记录特殊时刻及事件

我们经常可以通过某天发生的特殊事件推导出当天发生的其他事情的时间。这是一种非常有意思的记录方法，让一切有证可考。

6. 解决问题

你要利用写日记来解决问题。

一般人时常让问题在脑中打转，若能把它写在纸上，可以说是为解决问题跨出第一步。

7. 学习问更好的问题

每天把晨间问题、晚间问题及其他问题的答案记录在日记本中。

8. 在日记上写下独立宣言

两年前，我记下一定要成功的独立宣言；两年后，我又记下希望成为一个伟大人物，帮助别人成为理想人物的独立宣言。

因为这些宣言，使自我的要求不断提高，更不时提醒自己要不断进步，成为他人的楷模。

你不妨把目标设定得很大，以激发自己的行动力，依此，你的独立宣言必会一一实现。

9. 把每日写下的东西在月底复习

由此可知本月发生了哪些事，下个月有哪些可以改进的。每一阶段都保留相当的价值。

10. 加深自己的记忆

看过去的日记可以比较自己的进步，并回忆当时的情景和心态。

防范谣言的传播

有人做过这样一个试验。

二十个人围成一个圈,随机指定其中一人为龙头,由他想一句话,低声转述给左边一人,此人再向左传,依次类推,等这句话再传回龙头耳中时,与他原先说出的那句话早已大相径庭、不知所云了。

闲话就是这样产生并逐渐被加工、失真的,二手传播不可信的另一个原因还在于,我们无法确定当事人是怎样说的,这一点很重要,语气、神态不同,意思也就大为不同。

比方说有这样一句话:

"我"没说她偷了我的钱。(可是有人这么说。)

我"没"说她偷了我的钱。(我确实没这么说。)

我没"说"她偷了我的钱。(可我是这么暗示的。)

我没说"她"偷了我的钱。(可是有人偷了。)

我没说她"偷了"我的钱。(可是她对这钱做了某些事。)

我没说她偷了"我的钱"。(她偷了别人的钱。)

我没说她偷了我的"钱"。(她偷了别的东西。)

从头到尾一字不差的一句话,语气、神态、声调不同,就会有如此不同的含意。别人给你传来的一句话，你怎么能轻易下结论呢？

中国有句古话：来传是非者，必是是非人。因为这种事情确实没什么意思，最好的办法是一不相信，二不传播。因此，在接受别人的信息的时候要非常慎重，要注意防范信息陷阱。不能随意由于别人的话产生先入为主的想法，否则将会妨碍处理事情时的客观性、合理性。

消除信息压力

每天醒来时，是否觉得已经落后了？这是个社会上觉得有压力的人普遍有的现象，因为他们知道接下来一天发生的事又会多到自己无法消化。

你无法赶上信息的洪流，也不需要凡事都要知道。知道愈多，愈落后。

为什么近 20 年 25 年发生的事件愈来愈难记住？那是因为发生的事情太多，你的脑袋将好多事都混在一起了。当你同时得记住很多事情时，就无法好好地将它们有次序地排放在脑中。

不过你用不着担心：我们每一个人遇到的信息都比实际能够了解的更多。

从此以后对你所吸收的信息要更有选择性。

1. 减少信息吸收量

若你持续被信息围困，你会觉得被它套牢，导致你觉得工作过量和压力过大。若能大量减少不相干的信息，你就不会时常觉得被套牢了，也不会常有工作过量的感觉。为此，我已经退出电子邮寄名录，并停掉许多订阅的刊物了。

2. 管辖生活空间，因为信息都储存在这些空间里——书架、桌子、磁带、网站……

如果你的桌子一团乱，东西愈堆愈高，你可以好好地整理一下那个空间。

同样的道理也适用于档案柜、书架、餐桌、厨房梳理台等，或是把自己希望保留的信息组织起来。如果你面对的信息量实在很大，将它们逐一分类。

＊放入档案夹。

＊把类似的项目放一起。

＊减少副本。

＊把顺序优先、重要的项目放在一个档案里。

整理信息其实只要将信息分堆、分类，或在硬盘里分开不同的目录即可。

找一个合适的档案夹储存，让自己能轻易找到该文件。可能需要重新在档案夹外贴上标签；这样才是"你的"系统，为"你"设计的——不必管别人觉得它们看起来怎么样。如果你没有时间整理怎么办？别找借口了，如果你不整理，以后还是得花一样多甚至更多时间，从一团混乱中找出你要的东西。

沉锚效应

两个卖粥的小店。

左边这个和右边那个每天的顾客相差不多,都是川流不息、人进人出的。

然而晚上结算的时候,左边这个总是比右边那个多出百十元来。天天如此。

于是,我走进了右边那个粥店。服务生小姐微笑着把我迎进去,给我盛好一碗粥,问我:"加不加鸡蛋?"我说加。于是她给我加了一个鸡蛋。

每进来一个顾客,服务员都要问一句:"加不加鸡蛋?"也有说加的,也有说不加的,大概各占一半。

我又走进左边那个小店。

服务生小姐同样微笑着把我迎进去,给我盛好一碗粥,问我:"加一个鸡蛋,还是加两个鸡蛋?"我笑了,说:"加一个。"

再进来一个顾客,服务员又问一句:"加一个鸡蛋还是加两个鸡蛋?"爱吃鸡蛋的就要求加两个,不爱吃的就要求加一个。也有要求不加的,但是很少。

一天下来，左边这个小店就要比右边那个多卖出很多个鸡蛋。

给别人留有余地，更要为自己争取尽可能大的领地。只有这样，才会于不声不响中获胜。

心理学上有个名词叫作"沉锚效应"：在人们做决策时，思维往往会被得到的第一信息所左右，第一信息会像沉入海底的锚一样，把你的思维固定在某处。在右边的小店中，你选择"加还是不加鸡蛋"，在左边店中，是"加一个还是加两个"的问题，这第一信息的不同，使你做出的决策不同。聪明者常用此法达到自己的目的。因此我们在办事时可以充分利用这种效应来传播信息和交流，引导对方做出自己有利的决策。

没有一成不变

小象乔治出生在马戏团中，它的父母也都是马戏团中的老演员。

小象乔治很淘气，总想到处跑动。工作人员在它腿上拴上一条细铁链，另一头系在铁杆上。

小乔治对这根铁链很不习惯，它用力去挣，挣不脱，无奈的它只好在铁链范围内活动。

过了几天，乔治又试着想挣脱铁链，可是还没能成功，它只好闷闷不乐地老实下来。一次又一次，小乔治总也挣不脱这根铁链。慢慢地，它不再去试了，它习惯了链子，再看看父母也是一样嘛，好像本来就应该是这个样子。

乔治一天天长大了,以它此时的力气,挣断那根小铁链简直不费吹灰之力,可是它从来也想不到这样做。它认为那根链子对它来说,牢不可破,这个强烈的心理暗示早已深深地植入它的记忆中了。

一代又一代,马戏团中的大象们就被一根有形的小铁链和一根无形的大铁链拴着,活动在一个固定的小范围中。

时势不断变化,当初做不到的事今天可能就会轻而易举,当初能办到的事今天可能就难以办到了。无论如何,关键是心中不要存下一个一成不变的概念。对于过去存在脑海中的信息我们需要不断地更新,才不至于让我们被先前的观念而阻碍了步伐。

专业化处理

做到专业化处理,我们才能使工作更加有条理。可以这样做:

此后只要桌上堆了信息,就自问下列问题,以决定该资料是否该存放在档案里,放在档案备记录时,制作一个卷宗,或是可以立刻扔掉:

我应该收到这个吗?

这个文件的背后隐藏什么重要问题?

我没有这些信息是否会有什么损失?如果没有,就放弃它们吧。

如果我不处理,有没有关系?

精准做事 | JINGZHUN ZUOSHI |

我存那些资料是做什么的？

我需要它吗？我是不是怕如果没有它，自己会准备得不充分？

它是否支持什么我原本知道或相信的事？

我是否可在文件里使用哪些信息？

如果你有档案备记录，可否把新信息加入，等下个月再看一次？很多桌上的东西根本不需要等，马上可以放入备记录的往后某一个日子。

狼和老太婆

一只狼出去找食物，找了半天都没有收获。偶然经过一户人家，听见房中孩子哭闹，接着传来一位老太婆的声音："别哭啦。再不听话，就把你扔出去喂狼吃。"狼一听此言，心中大喜，便蹲在不远的地方等起来。

太阳落山了，也没见老太婆把孩子扔出来。晚上，狼已经等得不耐烦了，转到房前想伺机而入，却又听老太婆说："快睡吧，别怕，狼来了，咱们就把它杀死煮了吃。"

狼听了，吓得一溜烟跑回老窝。同伴问它收获如何，它说："别提了，老太婆说话不算数，害得我饿了一天，不过幸好后来我跑得快。"

别人信口开河，你就信以为真，全然不知许多时候人家只是在拿你说事而已。自己一惊一乍，乱了阵脚，正常的工作、生活全因着别人的话而改变了。

有些人经常会很在意别人的这些话,还真的以为自己就是什么焦点人物了。这样会使自己丧失主见,没了原则,做起事来没了主心骨,怎么可能把事做好呢?

学会遗忘

很多时候阻碍我们掌握新的信息的关键就是我们不能忘记过去的信息。我们的脑子里重复出现的还是那些我们印象最深,而实际上已经不存在的事实或信息。比如说,若老是记得档案放在某个架子上而不是在我们后来放的柜子里,我们很有可能会找得满天飞,最后在柜子里找到它。这件极小的事可能就会让我们感到头大,心里郁闷半天,觉得不顺。

要避免这种混乱状态我们必须学会管理自己的信息库,随手扔掉自己不需要的信息。在任何你意识到出现差错的时候不要下意识去记住它们,而要在解决了问题的时候留下深刻印象。否则我们脑海里老会出现这些问题来让我们胆战心惊一下,仔细一想才缓过劲来。

另一个方法就是努力去记住这些重要的信息,当你要记住某一信息的时候,其他信息自然而然就会淡下去,因为记忆是一个平衡的过程。有进必有出,只是时间的问题,我们要做的是该出去的加速出去。

精准做事 | JINGZHUN ZUOSHI

猫头鹰的审判

猫法庭开庭审判一个案件。

有猫警告发，在猫国森林边缘发现了一种怪猫：长着猫头，行着猫国捕鼠的营生，却到处招摇撞骗，宣称自己不是猫，也不是兽，而是鸟，还不时披展双翼飞上天空，蛊惑猫众。

经白猫、黑猫及不白不黑的猫组合议庭审议，做出如下判决："首级乃定性之根据，既为猫首，本质为猫无疑；生态乃确凿之旁证，既营捕鼠，本属猫国公民无疑。自称为鸟者，如非猫国精变为妖，亦属鸟中衍生之怪，已不可称为鸟，故应断其首归之猫国，斩其翅归之鸟国。捕鼠之功则记于猫国名下……"

此判决既未抄送鸟国协助审议，也未允许"怪鸟"申诉，"怪鸟"终于可怜地被肢解了。

这是猫头鹰们的悲剧。

囿于自己的经验、知识，主观臆断，这样的闹剧在生活中并不少见。相比之下，《黔之驴》中的老虎就很聪明。对于一些自恃权威的人，我们做事并不能盲从，否则就会产生这样的闹剧。也不应该以一些表象作为判断标准，被人牵着鼻子走。做事要多方面到位，尤其要知识到位。从知识中获取真理才应该是我们的做事标准。

掌握新技能

这个社会是竞争的社会，知识的获取是一辈子都不能懈怠的事，否则我们就要被时代淘汰。也许我们还在默默无闻地工作着，自我感觉踏踏实实的，可知识是不断更新的，并且正以越来越快的速度更新着。我们在业余时间应该筹划我们的充电计划。例如，提高电脑技能、旁听一门课程，或是获得专业领域的一个证书和学位——当新的机会出现时，我们已经准备就绪。

第九章 协调要到位

XIETIAO YAO DAOWEI

> 单个的人是软弱无力的,只有同别人在一起,他才能完成许多事业。
>
> ——叔本华

要有一颗充满爱的心

一个人想知道天堂与地狱的区别,于是他去求教上帝,上帝先带他到了地狱,他看到所有人都是面黄肌瘦,但面前都是美食,每个人手里的筷子太长了,自己送不到嘴里去。上帝又把他带到天堂,结果天堂的人都是满面红光,欢声笑语,原来是一样的筷子,自己送不到自己嘴里,但两个人可以相互喂食,其乐无穷。

这个人终于知道了天堂与地狱的区别:"只要每个人心中都拥有爱心,并勤于实践,那就会生活美满,不然,结局是很凄惨的!"

有这么一个温馨的故事。夏季的一个傍晚,天色很好。我出去散步,在一片空地上,看见一个10岁左右的小男孩和一位妇女。那孩子正用一只做得很粗糙的弹弓打一只立在地上、离他有七八米远的玻璃瓶。

那孩子有时能把弹丸打偏一米,而且忽高忽低。我便站在他身后不远,看他打那瓶子,因为我还没有见过打弹打得这么差的孩子。那位妇女坐在草地上,从一堆石子中捡起一颗,轻轻递到孩子手中,安详地微笑着。那孩子便把石子放在皮套里,打出去,然后再接过一颗。从那妇女的眼神中可以看出,她是那孩子的母亲。

那孩子很认真,屏住气,瞄很久,才打出一弹。但我在旁边都可以看出他这一弹一定打不中,可是他还在不停地打。

我走上前去,对那母亲说:"让我教他怎样打好吗?"

男孩停住了,但还是看着瓶子的方向。

他母亲对我笑了一笑。"谢谢,不用!"她顿了一下,望着那孩子,轻轻地说,"他看不见。"

我怔住了。

半晌,我喃喃地说:"噢……对不起!但为什么?"

"别的孩子都这么玩儿。"

"呃……"我说,"可是他……怎么能打中呢?"

"我告诉他,总会打中的。"母亲平静地说,"关键是他做了没有。"

我沉默了。

过了很久,那男孩的频率逐渐慢了下来,他已经累了。

他母亲并没有说什么,还是很安详地捡着石子儿,微笑着,只是递的节奏也慢了下来。

我慢慢发现,这孩子打得很有规律,他打一弹,向一边移一点,打一弹,再转点,然后再慢慢移回来。

他只知道大致方向啊!

夜风轻轻袭来,蛐蛐在草丛中轻唱起来,天幕上已有了疏朗的星星。那由皮条发出的"噼啦"声和石子崩在地上的"砰砰"声仍在单调地重复着。对于那孩子来说,黑夜和白天并没有什么区别。

又过了很久,夜色笼罩下来,我已看不清那瓶子的轮廓了。

"看来今天他打不中了。"我想。犹豫了一下,对他们说声"再见",

便转身离开。

走出不远,身后传来一声清脆的瓶子的碎裂声。

无私的爱与奉献是人类存在和世界美好的基础。只要有一个正确的大方向,有爱的支持,没有什么是做不到的。

强者愿意帮助别人

五岁的汉克和爸爸妈妈哥哥一起到森林干活,突然间下起雨来,可是他们只带了一块雨披。

爸爸将雨披给了妈妈,妈妈给了哥哥,哥哥又给了汉克。

汉克问道:"为什么爸爸给了妈妈,妈妈给了哥哥,哥哥又给了我呢?"

爸爸回答道:"因为爸爸比妈妈强大,妈妈比哥哥强大,哥哥又比你强大呀。我们都会保护比较弱小的人。"

汉克左右看了看,跑过去将雨披撑开来挡在了一朵风雨中飘摇的娇弱小花上面。

这个故事告诉我们,真正的强者不一定是多有力,或者多有钱,而是他对别人多有帮助。

责任可以让我们将事做完整,爱可以让我们将事情做好。

精准做事 | JINGZHUN ZUOSHI |

与小人协调

北宋开国名将曹彬为人诚实，宽厚仁义，尤以驭将有恩而为时人称道，史称"气质淳厚"。其实曹彬对付小人也很有一套办法。

有一次，宋太祖赵匡胤任命曹彬为主将，率军征讨南唐，临行前太祖交给他一把尚方宝剑，说："副将以下，不用命者斩之。"接着又问曹彬还有什么要求。曹彬说，请求皇上恩准，调用将军田钦祚担任另一路的前敌指挥官。这一请求弄得部下们莫名其妙，因为大家都知道，这个姓田的既狡猾又贪婪，爱争功名，最讨人嫌的是爱在背后打小报告。这样的人大家躲都来不及，为什么还要把他弄到军中呢？

曹彬事后曾对心腹言明个中道理：此番南征，任务艰巨，时间要很长，需要朝中群臣的全力支持，自己领兵在外，若朝中有人不断进谗言捣乱，这很有可能坏了大事，而这个田某就极可能是这样的角色；要防他，最好的办法就是把他放到自己的眼皮底下，派他点用场，分他点功名，堵住他的嘴；再者还有尚方宝剑嘛，不怕他闹事。

这样一说，心腹才明白曹彬的深远用意，连称高明。

有君子就有小人，这是社会的客观存在。对付小人一味躲避不是上策，曹彬将其纳入自己的掌握之中不失为一种聪明的办法。只有这样，做事的时候才不会被小人钻了空子、拉了后腿。

寻找心理的平衡

他那样做占了便宜还没事，我做一下有何不可？

考试时有人作弊，就有人会想：这家伙不用功还能考个好成绩，下次我也试试。

堵车时有人加塞、走便道，就有司机从后边跟上去：他能这么走，我就不能？

上班时有人迟到早退，就有同事想：他能多睡会儿、早走会儿，我也可以嘛！

有人顺手牵羊占了公家便宜，没事；有人偷税漏税，没事；有人弄虚作假，没事；有人收受贿赂，没事……

榜样的力量是无穷的。现实中有好的榜样，也有坏的榜样，同样都有示范作用。尤其是那些越了格出了线的行为不但没有受到处罚，反而还比守规矩的人得到实惠时，就会有不少人心动，乃至行动起来。他能这样做，我为什么不行？他没事，我也不会有事。这种心态就是典型的"用别人的错误来做榜样"。

这些错误的出发点无非都是少付出多得利、事半功倍、有诱惑力的，要不干吗有人去尝试，以身试险呢？你只要一动心，跟着学，这下子就会身不由己地行驶在"错误路线"上了。

刚开始还有点提心吊胆，不好意思，良知未泯，到后来你就习惯了，成了一种惯性，要不把某些家伙称为"惯犯"呢！物理学上的名词用到这儿挺合适：惯性。你想停都停不下来。

因为心里不平衡，也要做做，许多聪明人都能干出这样的糊涂事。

见面三分情

"见面三分情"是人人都能上口的一句话。

这句话是中国人创造出来的，而流传千百年后，这句话不但没有消失，反而人人能讲，可见这句话相当程度地说中了中国人的心理，而绝大多数的中国人也认同这句话的道理。

这句话简而言之是：人不管彼此关系如何，一旦面对面，总会带有一些"情分"，而不致做得太绝。

了解了中国人的"见面三分情"，有很多事情你可以舍弃电话或函件，改用面对面处理，不但可以充分沟通意见，也可提高事情的成功率，甚至改变整个局面！例如：

——推销。

——请托。

——晋见。

——解释误会。

——请求原谅。

很多年轻人因为世面不广,时有畏人之心,不敢交新朋友,不敢见陌生人,遇到问题则逃避,其实如果能善用中国人的"见面三分情",对自己会有很大的帮助。

主动去了解别人

办事情不是自己玩过家家,我们需要根据对象的意图、宗旨来做。因此我们要好好理解。一旦没有处理好,很可能就南辕北辙,更不用谈到位了。我们希望对对象的意图达到某种心领神会。这里所说的心领神会并不是说要达到那种心灵相通,而是对其意图领会得对就行。

如何做到心领神会呢?就是要对交流之中的惯例暗示有所了解。我们需要主动去了解。主动的思维方式并不是每个人都有,许多人看似很积极,很愿意下功夫去把事情做好,做到自己满意为止。可是他们很多人却没有积极性或这个意识去向别人了解到底需要把事情做到什么程度,仅凭主观意识做事情。这样没有很好的沟通,做事就很孤立、很狭隘,会出现该做的没做,不该做的做了。

要培养这种主动的意识首先要站在别人的立场去看问题,不能仅局限于自己的圈子里。然后再主动去和别人交流。如多和顾客交流,他们

精准做事 | JINGZHUN ZUOSHI |

需要什么样的服务；和朋友交流自己哪些事情没有考虑到，使朋友的事情没做好，等等。

认识文化差异

　　一位外交大使讲到这么几则故事。

　　一次，一个代表团出访快结束时，要举行告别宴会，准备答谢一下东道主。答谢宴会的气氛非常热烈，双方都认为，这次访问取得了圆满的成功。但当代表团走了以后，主人跟我讲，我跟你是老朋友，我告诉你实话，我非常讨厌这位团长。我问："你为什么讨厌他？"他说："这位团长和我握手的时候，眼睛却看着我后边的人，竟然还跟他讲话，这是对我人格的侮辱！在他们国家，握住谁的手，必须看着谁。"可惜这位团长没有机会，也永远不会有机会听取这个主人对他的意见了。

　　记得有一年，荷兰有位贵宾到中国访问，安排他的夫人参观幼儿园。那天下着毛毛细雨，她到达幼儿园门口时，看见一群孩子站得笔直，在门口迎接她，她看到这些感觉很不舒服。接着参观幼儿园的教室，进去后，每一个五六岁的孩子都背着手，面部表情十分严肃。她很快结束了参观。回国后，她请我到她家里看她拍的参观幼儿园的幻灯片，说这是这次访问感到最不舒服的事，下着雨，为什么还要让孩子到门口来？为什么孩子都是这样端正地坐着，五六岁的孩子应该是非常调皮的，吵吵闹闹是

第九章 协调要到位

正常的，那才像幼儿园。我想幼儿园的老师，为了做到秩序井然，一定做了大量的工作，认为这才是有礼貌的文明表现。而就欧洲人的思维方式来说是很难理解的。

在西方人的思维方式中，"友谊是友谊，生意是生意"。我在卢森堡任大使，举行一次宴会，邀请了十位有名企业家来使馆做客。他们吃得很满意，感觉很丰盛，告别的时候一再表示感谢。恰好第二天，布鲁塞尔要来一个代表团，我必须到火车站去接。由于我去得太早，就先在火车站旁边逛书店，没想到书店的老板正是昨天我宴请的客人。他又提起昨晚宴请，再次表示感谢。我说我想买一份今日早报，于是买了一份《卢森堡时报》。他领我到收钱的地方，请我付钱。旁边的司机兼我们使馆招待员说："昨天来使馆吃饭的不就是这个胖子吗？为什么一张报纸还要收你钱呢，太不够意思了。"我说："老李，你不知道，他们就是这样。你等着，很可能一个月以后他要回请我，他可以用5000法郎来宴请我，但这10个法郎却照收不误。"

有些思维方式上的差异可以说是无关宏旨的习惯上的不同，谈不上优劣，但有些方面则可以提升到一定的高度，须认真对待与反思。西方人能把对人和对事分清楚，而中国人思维里面这两者是紧密结合的。

精准做事 | JINGZHUN ZUOSHI |

不打不相识

1754年，身为上校的华盛顿率领部下驻防亚历山大市。当时正值弗吉尼亚州议会选举议员，有一个名叫威廉·佩恩的人反对华盛顿所支持的候选人。

据说，华盛顿与佩恩就选举问题展开激烈争论，说了一些冒犯佩恩的话。佩恩火冒三丈一拳将华盛顿打倒在地。当华盛顿的部下跑上来要教训佩恩时，华盛顿急忙阻止了他们，并劝说他们返回营地。

第二天一早，华盛顿就托人带给佩恩一张便条，约他到一家小酒馆见面。佩恩料想必有一场决斗，做好准备后赶到酒馆。令他惊讶的是，等候他的不是手枪而是美酒。

华盛顿站起身来，伸出手迎接他。华盛顿说："佩恩先生，人非圣贤，谁能无过。昨天确实是我不对，我不可以那样说，不过你已然采取行动挽回了面子。如果你认为到此可以解决的话，请握住我的手，让我们交个朋友。"

从此以后，佩思成为华盛顿的一个狂热崇拜者。

你打我一拳，我必定想方设法还你两脚，即使是好汉不吃眼前亏，也必当日后补上——大多数人都会这样想。这样做只能使对抗升级而无助于解决问题，更不管是谁对谁错了。

别制造误区

人们的好意会由于在另外一种场合出现而使好事变成惹人厌烦的事。

有这么一个故事。一所学校举办一场著名论坛，通过各种渠道发票。本来票数应该是根据座位数来排的，到时一一入座就好。票大部分是发给了举办院系的学生老师。可是又发出来了一种半票，即把原来的整票撕掉一半，即把座位号撕掉了。发票时，负责一点的学生会说，这票不一定能进，要看人数情况，并且会是站票。结果，那一群拿半票的人在外面等了一个半小时，大家开始在门口愤愤不平，甚至开始埋怨参与论坛的学者不近人情。弄到后来大家进去了，却发现好多位置还是空的。本来是好心，希望更多人能进去，可是在进者和等待者的强烈对比下，好心的安排也被当成办事不到位了。

可见，这种公开性很强的论坛是应该考虑到公众的方方面面的。信息的沟通是一个很重要的问题。如果让大家产生了误解，也应该及时阐明。

精准做事 | JINGZHUN ZUOSHI |

利用好间接经验

经验分为直接经验和间接经验。因为要获得一种知识，不可能人人都去亲身经历过了才行，我们没有那么多的精力和时间。我们可以从别人的经历中获得一些知识技能。只有这样人们才能站在前人的肩上看得更远。但是在获取间接经验的时候我们一定要注意几个问题。

它的适用条件和范围。做事的时候不能张冠李戴，还没弄清楚场合就把那经验用了上去，搞不好还会使事情砸锅。比如，有人听说送祝寿鹤图意味着长寿，意义好，于是在生日宴会上也送法国一老头一张鹤图，结果弄得人家一头雾水。原来鹤在法国代表水性杨花、多情。

对于道听途说的间接经验，也就是转手了很多遍，没有确切证据的传言不要轻易相信，否则也许会误事。比如说，要去码头接一个生意洽谈对象，没有确切弄清楚接人时间，而是听别人讲过去那趟船的时间就贸然地去了，殊不知船到达时间提前了。弄不好就让人家觉得不负责任，生意砸掉。

和别人做默契的搭档

春秋时鲍叔牙和管仲二人是好朋友,二人相知很深。

他们曾经合伙做生意,一样地出资出力,分利的时候,管仲总要多拿一些。别人都为鲍叔牙鸣不平,鲍叔牙却说,管仲不是贪财,只是他家里穷呀。

管仲几次帮鲍叔牙办事都没办好,三次做官都被撤职,别人都说管仲没有才干,鲍叔牙又出来替管仲说话:"这绝不是管仲没有才干,只是他没有碰上施展才能的机会而已。"

更有甚者,管仲曾三次被拉去当兵参加战争而三次逃跑,人们讥笑地说他贪生怕死。鲍叔牙再次直言:"管仲不是贪生怕死之辈,他家里有老母亲需要奉养啊!"

后来,鲍叔牙当了齐国公子小白的谋士,管仲却为齐国另一个公子纠效力。两位公子在回国继承王位的争夺战中,管仲曾驱车拦截小白,引弓射箭,正中小白的腰带,小白弯腰装死,骗过管仲,日夜驱车抢先赶回国内,继承了王位,称为齐桓公。公子纠失败被杀,管仲也成了阶下囚。

齐桓公登位后,要拜鲍叔牙为相,并欲杀管仲报一箭之仇。鲍叔牙坚辞相国之位，并指出管仲之才远胜于己，力劝齐桓公不计前嫌，用管仲为相。齐桓公于是重用管仲，果然如鲍叔牙所言，管仲的才华逐渐施展出来，终使齐桓公成为春秋五霸之一。

千百年来，"管鲍之交"一直被誉为交友的最高境界，所谓春秋霸业早已是历史云烟，但鲍叔牙宽宏无私的胸怀、对朋友的了解信任却永久地被人称道。我们应该寻找并珍惜这种相知相助的朋友。

永远尊重对方

你想让别人怎么待你，你就应该怎么样对待别人。

每一个人都有被别人尊重的欲望，尊重是对一个人的品格、行为、能力的一种肯定和信任。尊重别人也是一个人优良品质的表现，包括尊重别人的人格、言论、举止、习惯等。尊重是相互的，只有尊重别人，别人才会尊重你。相互尊重是疏通、协调各种人际关系最重要的一环。只有相互尊重，才能打消对方的疑虑，博得对方的信任。工作中，无论是和上级、同级还是和下级接触，都必须尽力尊重对方，这是取得对方信任、帮助和支持的前提。

掌握聆听的技巧

聆听是人们交往协调不可缺少的。它能带来许多好处。

1.使你准确了解对方。2.能弥补自身不足。3.善听才能善言。4.能激发对方的谈话欲。5.使你发现说服对方的关键所在。6.使你获得友谊和信任。

优秀的谈话者都是优秀的聆听者,不论你的口才如何了不起,如果不注意倾听,很难给人留下很深的印象,但是,请你记住一点:聆听,并不代表沉默。

聆听,并非简单的用耳朵去听,也有视野的参与和目光的注视,最重要的是"心"的投入,用心去交流、理解;做出积极的反应(诸如眼神、表情或巧妙的语言等)。成功的聆听技巧是迈向成功的重要一步。

应该怎样聆听呢?请做到以下原则:三心(耐心、专心、细心)。

一是要耐心等待——让对方了解你、信任你、接受你,而不是与对方比高低,所以要表现出耐心、大度甚至热情,尽量让对方把话讲完,不要只顾急于回答对方的问题而接着对方的想法发挥一通。

二是要专心——这既是礼貌的基本要求,也是满足人尊重需要的要求。要做到专心,就要注视对方。

三是要细心——细心主要做到以下几点：①观察对方的变化——双方在接触当中，双方对你的态度、兴趣、表情、说话声音高低、声调起伏、快慢、节奏等的变化，这些信息都要敏锐地捕捉到；②准确分析和把握对方的意图。

不要吝啬赞赏

某王爷手下有个著名的厨师，他的拿手好菜是烤鸭，深受王府里的人喜爱，尤其是王爷，更是倍加赏识。不过这个王爷从来没有给予过厨师任何鼓励，使得厨师整天闷闷不乐。

有一天，王爷有客从远方来，在家设宴招待贵宾，点了数道菜，其中一道是王爷最喜爱吃的烤鸭。厨师奉命行事，然而，当王爷夹了一条鸭腿给客人时，却找不到另一条鸭腿，他便问身后的厨师："另一条腿到哪里去了？"

厨师说："禀王爷，我们府里养的鸭子都只有一条腿！"王爷感到诧异，但碍于客人在场，不便问个究竟。

饭后，王爷便跟着厨师到鸭笼去查个究竟。时值夜晚，鸭子正在睡觉。每只鸭子都只露出一条腿。

厨师指着鸭子说："王爷你看，我们府里的鸭子不全都是只有一条腿吗？"

王爷听后，便大声拍掌，吵醒鸭子，鸭子当场被惊醒，都站了起来。

王爷说："鸭子不全是两条腿吗？"

厨师说："对！对！不过，只有鼓掌拍手，才会有两条腿呀！"

要使人们始终处于施展才干的最佳状态，唯一有效的方法，就是表扬和奖励，没有比受到上司批评更能扼杀人们积极性的了。

在下属情绪低落时，激励奖赏是非常重要的。身为管理者，要经常在公众场所表扬佳绩者或赠送一些礼物给表现特佳者，以资鼓励，激励他们继续奋斗。一点小投资，可换来数倍的业绩，何乐而不为呢？

在不改变药效的情况下，给药加点糖，效果会更好。

君子坦荡荡

"以小人之心度君子之腹"，我们常常听到别人这样愤愤地为自己辩解，以证明自己是如何如何的大度。殊不知说者在说这话的同时也犯了同样的错误。果真是"君子坦荡荡"，又何必在乎别人怎么说呢？

不过，我们不得不承认，被人误解的确是令人痛苦的事。要将这种痛苦最大限度地减轻，或者干脆没有感觉，非提倡"以君子之心度小人之腹"不可。如果是第三者转告你的，你不妨当作他搞错了意思，别人根本就不可能这么讲。如果是你当面听到的——这倒似乎真有点难了，其实这也难不倒你，你大可当他是表错了意思，或者是一时中邪坏了脑子。当然，该解释的还得解释。

这样做最少有两个好处。一则可免去自己的苦痛，集中精力做该做的事；二则也可以减轻他人的不安，有利于消除误会。总之人生就那么短短几十年，该做且值得做的事有好多好多，我们不可能像牛顿或者爱因斯坦那样远离"烦尘"，但当我们面对俗事的时候大可以洒脱一些，飘逸一些，轻描淡写一些。哲人们警告我们"世态炎凉，人心险恶"的同时不也劝告我们要"宽以待人，严于律己"吗？何况这世界产生误会的概率远远大于险恶的用心。

"以君子之心度小人之腹"与"以小人之心度君子之腹"相比，文字上并无多大差别，却是完全不同的两个境界！

士为知己者死

韩国某大型公司的一个清洁工，本来是一个最被人忽视、最被人看不起的角色，但就是这样一个人，却在一天晚上公司保险箱被窃时，与小偷进行了殊死搏斗。

事后，有人为他请功并问他的动机时，答案却出人意料。他说：当公司的总经理从他身旁经过时，总会不时地赞美他"你扫的地真干净"。

你看，就这么一句简简单单的话，就使这个员工受到了感动，并"以身相许"。

这也正合了中国的一句老话"士为知己者死"。

美国著名女企业家玛丽·凯经理曾说过:"世界上有两件东西比金钱和性更为人们所需——认可与赞美。"

金钱在调动下属们的积极性方面不是万能的,而赞美却恰好可以弥补它的不足。因为生活中的每一个人,都有较强的自尊心和荣誉感。你对他们真诚的表扬与赞同,就是对他价值的最好承认和重视。而能真诚赞美下属的领导,能使员工们的心灵需求得到满足,并能激发他们潜在的才能。

打动人最好的方式就是真诚的欣赏和善意的赞许。

欲速则不达

想省时省力的想法并没有错,但总这样想就会稍有困难就掉头他向,心里说:另找捷径。

一次著名企业家报告会上,有一位年轻人向做演讲的企业家提出这样一个问题:"请问您过去走过什么弯路没有?能不能给我们年轻人指示一条成功直线,让我们少走弯路呢?"

没想到这位企业家干脆利落地回答道:"我不承认自己走过什么弯路,我只知道自己一直走在成功的路上。成功从来就没有说要拥有它走一条直线就可以了,成功就像山顶一样,哪里有什么直路可以走呢?"

精准做事 |JINGZHUN ZUOSHI|

每个人都想找一条更省力气的路到达山顶。所以人们常常追问已经登顶的人,哪一条是直通山巅的捷径。那些从山顶下来的人却说:"山上哪有什么捷径,所有的路都是弯弯曲曲的。想要到达顶峰,还必须不断地征服那些根本就看不到路的悬崖峭壁。"

成功之路,绝非坦途。这个世界上有太多的人梦想坐着飞机达到成功,上帝是公平的,从来就没有人有这样的特权。经历过一些,才能懂得一些;没有品尝过失败的味道,又怎么能够告诫自己如何不失败;没有体会过等待的苦楚,又怎么能够感悟成功的魅力?

更要命的是如果心中就存了这样的捷径想法,当稍微碰到一点困难,需要坚持一下时,心中就会打起退堂鼓:这不是捷径,我应该走另一条路。转来转去,总在山腰里打转。

再说,挺有讽刺意味的是,中国有句古话叫作"欲速则不达"。许多想抄近路走捷径、快些到达目的地的人却往往"不达"。还是做好思想准备,踏踏实实地走下去吧。

敢于说"不"

汉斯刚参加工作不久,姑妈来到这座城市看他。汉斯陪着姑妈把这座小城转了转,就到了吃饭的时间。

汉斯身上只有20美元,这已是他所能拿出招待对他很好的姑妈的全部资金，他很想找个小餐馆随便吃一点，可姑妈却偏偏相中了一家很体面的餐厅，汉斯没办法，只得随她走了进去。两人坐下来后，姑妈开始点菜，当她征询汉斯意见时，汉斯只是含混地说："随便，随便。"此时，他的心中七上八下，放在衣袋中的手里紧紧抓着那仅有的20美元。这钱显然是不够的，怎么办？

可是姑妈一点也没注意到汉斯的不安，她不住口地夸着这儿可口的饭菜，汉斯却什么味道都没吃出来。

最后的时刻终于来了，彬彬有礼的侍者拿来了账单，径直向汉斯走来。汉斯张开嘴，却什么也没说出来。姑妈温和地笑了，她拿过账单，把钱给了侍者，然后对汉斯说："小伙子，我知道你的感觉，我一直在等你说'不'，可你为什么不说呢？要知道，有些时候一定要勇敢坚决地把这个字说出来，这是最好的选择。我这次来，就是想要让你知道这个道理。"

这一课对所有的年轻人都很重要：在你力不能及的时候要勇敢地把"不"说出来，否则你将陷入更加难堪的境地。

大家一起努力

两个穷人一道赶路，边走边聊。

其中一个人说："老兄，咱俩这么穷，要是能拾到一笔钱该多好啊。

精准做事 | JINGZHUN ZUOSHI |

喂，你说，要真拾到钱，咱俩该怎么办？"

另一个人说："怎么办，那还用说，见面分一半呗，咱俩一人一半。"

"不对，"第一个人说，"钱这东西，谁拾到就是谁的，凭什么我要分你一半呢？"

"嘿，咱俩一块出门赶路，拾到钱，你还要独吞不成？真是个守财奴，不够朋友。不够朋友的人其实就是衣冠禽兽。"另外一个越说越激动。

"你说什么？衣冠禽兽？你再说一遍！"

"说就说，我怕你呀，衣冠禽兽！"话音未落，两人就扭打在了一块，你一拳我一脚，不可开交。

这时从对面走过来一个人，见状上前拉架。二人竟不肯住手，口中还在叫骂。劝架的好不容易弄明原因，不由得哈哈大笑，说："我还以为当真拾到钱了呢，还没拾到就打得鼻青脸肿呀？"

两人这才回过神来，打了半天，其实没拾到钱呀，耽误了赶路不说，衣服也弄脏弄破了，鼻青脸肿还疼得不得了，自己也觉得好笑起来。

利润还没有到手，合作伙伴就先钩心斗角起来，结果鸡飞蛋打一场空，这样的例子现实生活中其实并不少见。

做一名快乐的小兵

见没见过这样的人：当不好头，也当不好兵。为什么呢？

有三个人和许多人一起参加一项声势浩大的马拉松比赛。在这些参加比赛的人中，不乏一些非常出色的运动员。最后虽然这三个人都很努力地跑出了自己的最高水平，金牌仍与他们无缘。这个结果是否意味着这三个人都是失败者？绝对不是，因为他们都是怀着不同的目的参加比赛的。第一个人想通过比赛检验一下自己的耐力，他做到了，他的成绩超过他的预料；第二个人想提高自己以往的成绩，他也达到了目的；第三个人一辈子没跑过马拉松，他的目标就是跑完全程，达到终点，他也做到了。

由于这三个人都达到了目的，因此不管谁取得金牌，他们都是胜利者。其实，获胜只是一个事件，做一名胜利者才是一种精神。金牌是我们参加比赛的唯一目标吗？其实就像上面故事所说的那样，我们每个人参加比赛前都应该给自己定下一个应该实现的目标，实际上只要实现了自己立下的目标，就是一种成功，金牌永远只是一个事件，胜利却可以因人而异。

体育比赛的这些道理可能大家还能想明白，会安慰自己说：重在参与，但在生活中有时就糊涂起来。有些人不切实际地给自己定"金牌"的目标，比如说他自以为能当好领导，其实不是这块料，而一旦当不上，就瞧着领导不顺眼，专跟领导作对，成为人见人烦的大刺头，一辈子活在拿不到金牌的阴影中。权力、奖牌是绝对的金字塔结构，越往上越艰难，12亿人就一个国家主席，一个行业千百万员工就一个部长，你非如此不能快乐吗？

宁做鸡头，不做凤尾，这句话撩拨着许多年轻人的心，许多人都把当头定为自己的目标。其实许多人并不具备领导的才能与胸怀，被别人指挥时或多或少心中肯定会有些不愉快的成分，但我们必须接受这种现实，学会与人合作以及服从。

作为一个社会人，每个人都需要工作，工作给予我们的回报绝不仅仅是升迁与加薪，就如同体育比赛的目标不只是金牌与奖金一样，你是否从中得到了锻炼、乐趣与享受，是否在与人交往中感受到了快乐，是否给自己创造了更多的机会？没有实力或机会做领导，就去做一名快乐的小兵吧。

第十章 该注意的问题
GAI ZHUYI DE WENTI

> 伟大的工作就是爱你所做的事。如果你还没有找到它,那么继续找,不要停。
>
> ——史蒂夫·乔布斯

| 第十章 | 该注意的问题

爱因斯坦的镜子

爱因斯坦小时候是个十分贪玩的孩子。他的母亲常常为此忧心忡忡，母亲的再三告诫对他来讲如同耳边风。直到16岁的那年秋天，一天上午，父亲将正要去河边钓鱼的爱因斯坦拦住，并给他讲了一个故事，正是这个故事改变了爱因斯坦的一生。故事是这样的。

"昨天，"爱因斯坦父亲说，"我和咱们的邻居杰克大叔去清扫南边工厂的一个大烟囱。那烟囱只有踩着里边的钢筋踏梯才能上去。你杰克大叔在前面，我在后面。我们抓着扶手，一阶一阶地终于爬上去了。下来时，你杰克大叔依旧走在前面，我还是跟在他的后面。后来，钻出烟囱，我们发现了一个奇怪的事情：你杰克大叔的后背、脸上全都被烟囱里的烟灰蹭黑了，而我身上竟连一点烟灰也没有。"

爱因斯坦的父亲继续微笑着说："我看见你杰克大叔的模样，心想我肯定和他一样，脸脏得像个小丑，于是我就到附近的小河里去洗了又洗。而你杰克大叔呢，他看见我钻出烟囱时干干净净的，就以为他也和我一样干净呢，于是只草草洗了洗手就大模大样上街了。结果，街上的人都笑疼了肚子，还以为你杰克大叔是个疯子呢。"

爱因斯坦听罢，忍不住和父亲一起大笑起来。父亲笑完了，郑重地对他说:"其实,别人谁也不能做你的镜子,只有自己才是自己的镜子。拿别人做镜子,白痴或许会把自己照成天才的。"

爱因斯坦听了,顿时满脸愧色。

爱因斯坦从此离开了那群顽皮的孩子。他时时用自己做镜子来审视和映照自己,终于映照出了他生命的熠熠光辉。

有了正确的参照物,才会有正确的方向与行动,切忌盲目地与别人相比较。

远离牢骚

不少人无论工作在什么环境中,总是怒气冲天、牢骚满腹,总是逢人就大倒苦水,尽管偶尔一些推心置腹的诉苦可以构筑出一点点办公室友情的假象,不过像祥林嫂般地唠叨不停会让周围的同事苦不堪言。也许你自己把发牢骚、倒苦水看作与同事们真心交流的一种方式,不过过度的牢骚怨言,会让同事们感到既然你对目前工作如此不满,为何不跳槽,去另寻高就呢?

| 第十章 | 该注意的问题

善意的谎言

在一次盛大的舞会上,实话先生见到一位风韵犹存的老女人,他走过去向她行礼,说:"您使我想起您年轻的时候。"

老女人微笑着说:"怎么样?"

"很漂亮。"

"难道我现在不漂亮吗?"老女人带着几分戏谑说。

实话先生非常认真地说:"是的,比起年轻的您,您现在的皮肤松弛,缺少光泽,还有皱纹。"

老女人的脸一阵白一阵红,尴尬地瞪着那双略微愠怒的眼睛,刚才的自信得意消失了。

这时,撒谎先生来到老女人面前,彬彬有礼地邀请老女人跳舞,说:"您是舞会上最漂亮的女人,如果你能接受我的邀请,我将是舞会上最幸福的人。"

老女人眼中顿时闪出迷人的神采,她伸出了应允的手。

撒谎先生和老女人在舞池里跳了一曲又一曲。老女人沉浸在无比的幸福之中。

实话先生坐在一边看着这对年龄不协调的舞伴。撒谎先生微笑着对

精准做事 | JINGZHUN ZUOSHI |

老女人说了句什么，那老女人突然间像萌发了青春活力，全身洋溢着生命的激情与魅力，舞跳得就像个年轻人，一个出色、漂亮的年轻女郎！

舞会结束了。

实话先生叫住刚送走老女人的撒谎先生，问道："跳舞的时候你对她说了什么？"

撒谎先生说："我对她说，我爱你，你愿意嫁给我吗？"

实话先生惊愕地瞪大眼睛，气愤不已地说："你又在撒谎了！你根本不会娶她。"

"没错。可她很高兴，难道你没看见吗？"

两人争执不下，各走东西。

第二天，他们各自从邮差那里得到一函讣文："×日于×地参加×××的葬礼。"在墓地他们不期而遇，他们的目光落在了棺木中，那里躺着的正是那位老女人。

葬礼结束后，一位仆人走过来，将两封信分别交给了实话先生和撒谎先生。

实话先生打开信后看到这样一行字："实话先生，你是对的。衰老、死亡不可避免，但说出来却如雪上加霜，我将把一生的日记赠送给你，那才是我的真实。"

撒谎先生打开了老女人留给他的遗笔："撒谎先生，我非常感谢你的谎言。它让我生命的最后一夜过得如此美妙幸福；它让我生命的枯木重新燃起了青春的活力；它化去了我心中厚厚的霜雪。我将把我的遗产全部赠送给你，请你用它去制造美丽的谎言吧！"

| 第十章 | 该注意的问题

冰冷的真话,让人六月寒心;暖洋洋的假话,让人三冬温暖。凡事一旦拘泥,即成迂腐,但撒谎的前提是善良和好意,利他而不利己。

黄帝问路的故事

上古时代,黄帝带领了六位随从到贝茨山见大傀,在半途上迷路了。他们巧遇一位放牛的牧童。

黄帝上前问道:"小孩,贝茨山要往哪个方向走,你知道吗?"

牧童说:"知道呀!"于是便指点他们路向。

黄帝又问:"你知道大傀住哪里吗?"

他说:"知道啊!"

黄帝吃了一惊,便随口问道:"看你年纪小小,好像什么事你都知道不少啊!"

接着又问道:"你知道如何治国平天下吗?"

那牧童说:"知道,就像我放牧的方法一样,只要把牛的劣性去除了,那一切就平定了呀!治天下不也是一样吗?"

黄帝听后,非常佩服:真是后生可畏,原以为他什么都不懂,却没想到这小孩从日常生活中得来的道理,就能理解治国平天下的方法。

精准做事 │JINGZHUN ZUOSHI│

知足常乐吗

可口可乐公司前任董事长保尔·奥斯汀曾这样说过：最糟糕的事就是一个高级主管对公司在市场上的成就沾沾自喜，尤其是公司处于最佳时期。任何时候，只要你一满足，就等于你在发出一条"停止前进"的命令。

这种危险有时表现得并不很明显，吃老本的人有时并没有意识到自己正在衰退。有许多聪明人在这方面栽跟头，他们认为自己的成绩是显而易见的，提升和奖赏都应该临到自己头上，这种自满情绪是很危险的。下边这个故事就说明了这一点。

在美国的一个大公司中，有两个人在争夺第一把交椅。一个是当时的第二号人物，一个是第四号人物。第二号人物当时业绩辉煌，他确信凭自己的成绩担任总裁毫无问题，没有必要去进行任何竞选活动。而此时那位本来处于劣势的第四号人物，除了积极工作外，还聘用了一位公共关系专家，到处活动、演讲，拜访公司下属的地区分部经理，和每个董事详谈，与董事长套近乎，谈话中的侧重并不放在以往的业绩上，而是极力描述如何开拓更美好的公司前景。渐渐地，他头上显露出总裁的光环，那位目瞪口呆的第二号人物最后愤而辞职。

任何时候，成绩只能说明过去，过分注重老本，用以往的成绩说话

| 第十章 | 该注意的问题

远没有用未来的工作计划说话更有分量。千万别沾沾自喜地吃老本。

知足常乐是指人们不能过分贪心,老是想着那些暂时还做不到的事情,这种不知享受现在的人永远不会得到快乐。但快乐不是永远停留的,世界是不停运动的。此刻的快乐也许就会成为下刻的悲哀。因为这个世界还有"螳螂捕蝉,黄雀在后"的故事。人总是要向前看的,做任何事情都是这样。因此保持这种警觉是非常重要的。

某些时候要留有余地

当我们拿一根大棒子打狗的时候,你猜想会发生什么样的情况呢?

如果对面是一面篱笆墙,而且篱笆墙上还有一个洞,当你拿一根大棒子追着打狗时,也许,这条狗挨两下就钻洞过去,不再回头;如果对面是一面矮墙,当你拿大棒子追着打狗时,所谓"狗急跳墙",它就跳过去了。但是,如果你把狗追到一个墙角下,前、左、右都是高墙,上面又是天花板,事实上狗已经无路可逃了,当你拿着棒子还要去追打的话,那它实在没有办法,只有"垂死挣扎"向你反扑过来……

这就是"物极必反"的道理。在商业竞争中,事实上,有许多竞争行为何尝不像"大棒打狗"呢?行业的领先者往往在对待行业竞争对手时会陷入一种误区:赶尽杀绝,不留后患!但实际上这种理想的、"绝杀"的竞争行为极少能变成现实,商业竞争毕竟与战争有所不同,不是以消灭对手作为竞争的终极目的，而是更好地、最大化地保护自身的长期商业利益。

行业发展离不开竞争，关键在于如何正确地对待行业竞争对手。对于那些不懂行业规矩、行事险恶的对手，在条件成熟而允许的情况下，不妨采取"一剑封喉"的致命打击，将其清理出市场；而对于那些按照规则出牌的"好的竞争对手"，则不妨共同发展，共同维护行业有序发展。毕竟，好的竞争对手对于行业领先者而言，除竞争威胁外，何尝没有好处呢？比如说，好的竞争对手可以消除市场的需求波动；好的竞争对手由于自身相对弱小，能促使消费者甄别出与自己产品或服务的品质高低，增强对消费者的讨价还价的能力；能满足提供自身无力满足的细分市场服务，同时还能不断地刺激自身的竞争动力和持续发展能力。

做事情，做到一定水平的时候，不一定要追求绝对上的更高，而是一种相对他人的高！也就是当你有很好的经营业绩时，也要考虑到给予竞争对手一定的生存发展空间。从这个意义上讲，这也符合竞争优势的相对意义，竞争不意味着永远的敌人，还应该存在一种双赢的概念（体现合作维护市场的意识）。

成本与收益的均衡

显而易见，我们每个人的时间和精力都是有限的，过于完美主义的态度可能会让我们陷于焦虑之中，事事都做不好。因此，我们需要的

| 第十章 | 该注意的问题

是抓住做事成本与收益的均衡。我们可以从管理经济学的角度来分析如何处理好做事的精益求精与做事分重点的矛盾，并以两条做事方法的代表——6σ与20∶80法则的应用来比较。

管理经济学有一个贯穿整个理论的基本决策规则，就是比较边际收益（Marginal Revenue，即 MR）与边际成本（Marginal Cost，即 MC）。所谓边际收益，是指临界数量水平上改变一个单位产出、销售量或质量水平等得到的收益改变量，这里的收益包含货币和非货币收益、当期和未来收益。例如，精密仪器次品率降低一个百分点，可能会通过销售量或价格控制力提升而带来边际收益；IBM 提升一种软件功能也会带来边际收益。

然而，天下没有免费的午餐，获得边际收益通常要付出边际成本。边际成本是指改变一个单位产出、销售量或质量水平而发生的成本改变量，包含货币和非货币成本、当期和未来成本。例如，仪器产品次品率降低一个百分点，需要改进工艺流程和管理，因而需要更大投入，就会发生边际成本。提升一种软件功能也会发生边际成本。管理经济学认为，追求自身利益的行为主体在进行管理决策或选择其他行动方案时，需要比较边际收益和边际成本。如果进行一项行动带来的边际收益大于边际成本，就应实施这一行动；反之则不应实施。

在边际意义上比较成本收益，为判断上述两个管理法则的各自运用范围提供了一个视角，从而为二者的兼容性提供了理解的支点。就 6σ 方法来说，质量水平每提升一个 σ 数量级，通常需要追加越来越大的成本投入，面临边际成本递增的约束，因而只有在由此带来的边际收益

精准做事 | JINGZHUN ZUOSHI |

特别大的场合，才具有经济合理性。

对于巨型企业，其产品的生产技术十分复杂，最终产品的整体功能受制于成千上万道工序"串联"性的影响。并且在激烈的竞争环境下，品牌效应具有重要意义，质量控制的数量级提高可能带来巨大的边际收益，因而从边际成本和收益比较角度看，实施 6σ 方法具有经济合理性。

对于其他厂商产品中利用率很低的"80%"的软件来说，由于消费者对这部分产品的边际评价较低，因而改进质量带来的边际收益也就很有限。如果改进其性能质量需要投入较大的边际成本，则不符合边际比较原则，采用较低的功能质量标准反而比较适当。这正是"20∶80法则"提示的思维方式。

依据类似道理，电视节目中下标字幕偶然出现错别字，观众一般不大在意，节目制作商即便采用 $3\sim4$ 个 σ 的质量控制标准也无大碍。然而对于大百科全书这类投资浩大，并且以权威性作为卖点的信息产品，降低错字率对其功能和品牌声誉至关重要，有长远眼光的出版商一般会尽量采用 6σ 方法。

做事的方法并没有绝对的限定，做任何一件事都会有成本。我们做事的目标应该是让每一分钟都有最小的成本、最大的效益。

直入核心,直切要害

新加坡名作家尤今有这样一次经历。

当记者时,笔是随身工具,一日不可或缺。

一回,托一位同事为我买圆珠笔,再三嘱他:"不要黑色的,记住,我不喜欢黑色,暗暗沉沉,肃肃杀杀。千万不要忘记呀,12支,全不要黑色。"

次日,同事把那一打笔交给我,天哪,我差点昏过去:12支,全是黑的。

责他、怪他,他振振有词地反驳:你一再强调黑的、黑的,忙了一天,昏沉沉地走进商场时,脑子中只有印象最深的两个词——12支、黑色,于是就一心一意地只找黑的买。

言之成理,我哑口无言。

当时,我如果言简意赅地说:"请帮我买12支笔,要蓝色。"相信同事就不会买错了。

从此以后,尤今无论说话、撰文,总是直入核心,直切要害,不去兜无谓的圈子。

没有赘余的语言,精确、精致、精神,绝不会误事。

精准做事 | JINGZHUN ZUOSHI |

模仿，也是一种进步

说起模仿，有人就会援引"东施效颦""邯郸学步"的例子，把模仿贬得一无是处。但这些人恰好忘记了"胡服骑射"的故事。从某种意义上说，模仿也是一种进步。

创造的辉煌常使人赞叹不已，而模仿和借鉴却为一些人所不齿，他们说："为什么要模仿别人、借鉴别人呢？要干就要拿出自己的一套来！"这话听起来很豪壮，殊不知，如果没有东施效颦的勇气，没有邯郸学步的追求，连模仿也没有，更谈不上借鉴，而离开了模仿和借鉴，又何来创造呢？

新中国成立初期，我们从苏联引进技术设备，没过多久，仿制出的喷气式战鹰就巡航在祖国蓝天。新中国的航空工业从无到有，短短几年就走完了其他航空大国几十年的发展路程，与当时世界先进水平已相差无几。改革开放以后的大量事例也证明了这一点，在高起点上引进关键技术设备，是发展我国工业和经济的快而省的捷径，为赶超世界先进水平奠定了基础。当然，只知道一味地模仿是不行的。齐白石老先生那句名言是很发人深省的——"学我者生，似我者死"。没有自己的东西，你将永远跟在别人后面亦步亦趋，始终无法赶上别人，更不用说超越了。

| 第十章 | 该注意的问题

借鉴可以说是从模仿通向创造的桥梁。把别人的东西拿来,结合自己的实情做一番比较,以便取人之长、补己之短,或从中吸取教训。这就比单纯模仿要高明一步了。有人说香港人比内地人聪明,我看不然,只是他们更善于借鉴罢了。国际市场上出现了一种新产品,内地一些厂商马上依样画葫芦,尽管产品几可乱真,但终有假冒伪劣之嫌,登不得大雅之堂,更不用说与人竞争了。香港人则不然,先来一番解剖,再看看有无可改进之处,使之更加完善。当改进后的产品问世的时候,已不是先前的翻版,而是一副可以抢占市场的全新面孔了。翻翻日本人的发家史就可以知道,日本人就是从模仿开始,不断吸收借鉴,才最终走上创造之路的。

反省,才能发挥优势

"未经审察的人生,不是完美的人生。"只有在生活中不断审视自己,才会了解自己,从而控制不足,发挥优势。

历代杰出人物,往往是在其自我反省取得成效时,事业上取得了突出成就。历史上有这么一段为人所熟知的故事。一位帝王谋取天下后,过上了安逸的生活,日子久了,一方面,看到天下似乎挺太平,"普天之下莫非王土,率土之滨莫非王臣"的传统理念,导致了他的骄奢——人总是有一种在权力光环笼罩下的兴奋的非常态,在这种状态下,无所不可为；另一方面，政事散乱，国家的一整套行政机构日趋瘫痪，腐败滋生，民怨沸腾。在这种"安逸"和"愤怒"纠结成的矛盾之中，中国历史上的一个大时代面临着命运的终结。然而，在历史将抛弃他时，他揪住了历史的臂膀。一本蘸血的奏折震醒了熟睡的灵魂，于是，他开始正视现实，反思自己的成与败。当他看清自己的那一刻，在那个时代，他站在了世界历史的前沿上。

人是能够理性思维的动物，也是唯一能够理性思维的动物。自然既然赋予人类这种特殊的机制，那么就应发挥出它的最佳效用。很多人说，人永远无法认识自己，与其浪费时间在这种没有结果的"游戏"上，还不如多做些事，哪怕睡一觉也是好的。如果鲁迅还在的话，一定会在"国民劣根性"上，加上这一条：逃避清醒。事实上，再不济，我们也知道过去的追求和现在的希望，当我们采取手段的时候，只要知道前一步和下一步，下一步应该怎么站在前一步的基础上，做好了，成功就可以触及了。这个环节，就是反省。

反省自己，就是让自己保持平和的心态，隔绝见缝插针的浮躁。如果你能够时常觉察到犯下的可以更正的错误，那么，恭喜你，你已经在反省你自己了，你正处在进步之中。

永远不够好的境界

马克思有一个著名论断：世界是无限的。由这个命题又推知，万事万物处在生生不息的绵延状态之中，我们找不到起点，也找不到终点。另外，我们常可看到这样一句话：脱离概念谈概念和在概念之中谈概念一样，都是不可取的；当我们认为处于一种好的状态中时，这种所处的好状态早已是常态，于是"好"的追求价值就丧失了。可见，不管是从哲学的角度，还是逻辑学的角度来看，"好"都没有止境。

诚然，用"好"来评价工作，已经成了家常便饭，为大家所接受。可是，当我们做一项工作时，在认为它好的同时，请记住，它还可以更好。进步——正是由这样一种谦虚、进取的精神所创造出来的。爱迪生正是在"永远不够好"思想的指导下，进行了两千多次的实验之后，才选出了一种更耐用的灯丝。

就如同对美的追求没有止境一样，我们对于自己进行着的工作，只能怀着超越的心态。"知不足，而后能改。"只有认识到不足，我们才有改进的欲望。但是，在我们对自己进行大胆要求的时候，也应该注意，我们不是吹毛求疵，也不是怀疑现有的一切、批判一切。我们是"肯定中的否定"，肯定成绩，并要求进步，这是宗旨。

当你对别人的赞美只是报以波澜不惊的简单一笑，心中所想的是我下次可以做得更好些的时候，或许你已经具备了这样一种素质。

正确借鉴旧经验

古语云：前事不忘，后事之师。经验，是我们的老师，是我们获取成功的源泉。一条旧经验的功用，可能远远大于书上的100条理论。人，无法脱离经验而生活，不管经验是他人的，还是自己的，它所凝聚的力量都无与伦比。

在知识爆炸的时代里，一个善于学习的人，必然是一个善于总结经验的人。在知识的海洋里，要么你扬帆远航，要么你就被淹没在茫茫巨浪之中；这除了求学精神起作用之外，善于总结经验教训的人常可以捡得一些便宜。因为你明了了自己以前或别人所犯过的错误，你就可以趋利避害，避免错误的再次降临。在众多的可行性道路上，若你考察过别人的经验，你就可以鹤立鸡群、一路领航。

生活并不复杂，成功也往往只是一小段简单的故事，这完全取决于你怎么去认识它。在对自然现象长期的分析思考，并结合了自己大量实验的基础上，牛顿相信，物体与物体之间存在一种特殊的作用。只要你充分重视过往的经验，完全可以相信，在下一个苹果砸下来的时候，世界上就有了牛顿第二。当然，这不会像"上帝要有光，于是世界便有了光"

这么简单,但珍惜"旧经验",确实能给你莫大的潜在能力。

当你能够毫无羞涩感地翻阅曾经怀着满腔豪情记下的笔记的时候,或许,在正确对待旧经验这件事上,你已经更胜人一筹了。

坚决果断的魄力

没有听说哪个权威统计机构做过调查,在公认的成功人士中,具有"坚决果断"性格的人占了较大比例。但可以肯定地说,性格果断的人,总是显得别有一番魅力。所以,我们可以相信,塑造出坚决果断的性格,是有助于取得成功的。

确切地说,坚决果断是一种素质,它是一种只有你做出努力才能达到的东西,当然,还可能你做出了努力都达不到。历史上,一些优秀人物正是因为拥有坚决果断的素质,在关键时刻当机立断,做出正确决策,取得胜利,为后人广为传颂,成就了千秋万古名。在这里,要举的是一个另类的例子,多少有些调侃的味道。莎士比亚在著名的四大悲剧之一的《罗密欧与朱丽叶》剧中,描述的那段轰轰烈烈的悲剧爱情的凄美,正是在两个具有"坚决果断"性格的人物上得到了淋漓尽致的表现。当需要在爱情与苟活之间做一抉择的时候,我们深爱着的主人公都义无反顾地选择了死亡,这使我们为之挥泪,也使我们为之疯狂。我不赞成死亡,尤其是无谓的死亡,但喜欢那种可以毅然视死的决然。也许,这是人类的通性。

除了前面所说的，坚决果断可以赢得人们认同和喜爱之外，比之犹豫不决的性格，往往更能抓住那些稍纵即逝的机遇。

当然，事物总是存在矛盾着的两方面，我们应该辩证地去看问题，戴上有色眼镜，只会使视野变得更加混乱。犹豫不决可能表明处事谨慎，果断有时可能会变成武断。因此，在实践中，关键在于掌握好度，凡事应做得恰到好处。

摆脱坏习惯的影响

美国石油大亨保罗·盖蒂曾经是个大烟鬼，烟抽得很凶。

有一次，他度假开车经过法国，天降大雨，开了几小时车后，他在一座小城的旅馆过夜。吃过晚饭，疲惫的他很快就进入了梦乡。

清晨两点，盖蒂醒来。他想抽一根烟。打开灯，他自然伸手去抓睡前放在桌上的烟盒，不料里头却是空的。他下了床，搜寻衣服口袋，毫无所获，他又搜索行李，希望能发现他无意中留下的一包烟，结果又失望了。这时候，旅馆的餐厅、酒吧早关门了，他唯一得到香烟的办法是穿上衣服，走出去，到几条街外的火车站去买，因为他的汽车停在距旅馆有一段距离的车房里。

越是没有烟，想抽的欲望就越大，有烟瘾的人大概都有这种体验。

| 第十章 | 该注意的问题

盖蒂脱下睡衣，穿好了出门的衣服，在伸手去拿雨衣的时候，他突然停住了。他问自己：我这是在干什么？

盖蒂站在那儿寻思，一个所谓的知识分子，而且相当成功的商人，一个自以为有足够理智对别人下命令的人，竟要在三更半夜离开旅馆，冒着大雨走过几条街，仅仅是为了得到一支烟。这是一个什么样的习惯，这个习惯的力量有多么强大？

没多会儿，盖蒂下定了决心，把那个空烟盒揉成一团扔进了纸篓，脱下衣服换上睡衣回到了床上，带着一种解脱甚至是胜利的感觉，几分钟就进入了梦乡。

从此以后，保罗·盖蒂再也没有拿过香烟，当然他的事业越做越大，成为世界顶尖富豪之一。

习惯的力量是巨大的，有幸养成一些好习惯，则会终身受益；但要是一旦沉溺于坏习惯之中，就会不知不觉把自己毁掉。要想做成功一件事，就要毅然决然地摆脱自己已经知道的坏习惯，这样做事才会更加洒脱。

做事要有真正的自我

认识自己很重要，可是在做事的时候能保持自我的人却是不多的，委曲求全或者装模作样，都会使我们不能真正触及事情的本质，或者只能流于俗套，办不好事情。

卓别林开始拍电影时，那些电影导演都坚持要卓别林去学当时非常有名的一个德国喜剧电影演员。苦恼的卓别林久久尝不到成功的滋味，后来他意识到必须保持自己的本色，经过不懈的努力，他终于创造出一套自己的表演方法而名垂青史。

美国歌星金·奥特雷刚出道时，要想改掉他得州的乡音味，力图使自己像个城里的绅士，结果大家都在背后耻笑他。后来，金·奥特雷终于醒悟过来，他开始利用自己的音色，唱西部歌曲，成为全世界在电影和广播两方面最有名的西部影星。

索凡石油公司人事室主任迈克尔曾接待过 6 万多个求职者，在他的《谋职的六种方法》一书中，他指出："来求职的所犯的最大错误就是不保持本色。他们不以真面目示人，不能完全地坦诚，都给你一些他以为你想要的回答。可是这个做法一点用也没有。因为没有人愿意要伪君子，正如从来没有人愿意收假钞票。"

人无完人，你就是你自己。做大事做小事都必须有真正的自我，把自己搞成假钞票，就没有价值了。

悠然下山去的心态

森林中举办比"大"比赛。老牛走上擂台，动物们高呼：大。大象登场表演，动物们也欢呼：大。这时，台下角落里的一只青蛙气坏了，

第十章 该注意的问题

难道我不大吗？青蛙嗖地跳上一块巨石，拼命鼓起肚皮，并神采飞扬地高喊：我大吗？

不大。传来一片嘲讽之声。

青蛙不服气，继续鼓肚皮。随着"砰"的一声，肚皮破了。可怜的青蛙，至死也不知道它到底有多大。

一个登山队员，一次他有幸参加了攀登珠穆朗玛峰的活动，在6400米的高度，他体力不支，停了下来。当他讲起这段经历时，我们都替他惋惜，为何不再坚持一下呢？再攀一点高度，再咬紧一下牙关。

"不，我最清楚，6400米的海拔是我登山生涯的最高，我一点都没有遗憾。"他说。

我不禁对他肃然起敬。联想起人生，一个人不怕爬，就怕找不到生命的至高点。任何事情都存在突破口，不是任何人都能够穿越突破口，抵达更高的层次。如果说挑战是对生命的发扬，那么明智该是另一种美好的境界，是对生命的爱惜和尊重。一个不懂得珍惜生命的人，命运会给予他惩罚。

那样，揣一根坐标尺上路该是何等重要！它能督促我们不懈努力地攀登，又能提醒我们恰到好处地戛然而止。

仰之弥高，那是笨蛋的愚蠢和贪婪。一个智者，此时此刻，也许悠然而从容地下山去了。

量力而行，恰到好处，当行则行，该止则止。真理过一分则成谬误，压力责任过一分则会把生命压垮。找出一个临界点，告诉自己安之若素，莫把自己搞成一台长期超负运转的机器。这样才不至于使做好的事情过犹不及。

精准做事 | JINGZHUN ZUOSHI |

寻找新刺激突破自我

自然界有一种鱼叫休克鱼，休克鱼的内部肌体完好，只是处于休克状态，这种鱼一旦被大鱼发现，即被吃掉。鱼池里的鱼被喂养时间长了就不再主动去寻找食物，而是停在水中，成为生长缓慢、易死的"休克鱼"。为了解决这个问题，养鱼人会放养一条鲶鱼，这种鱼生性凶残，极大地改变了鱼的生存环境，"休克鱼"消失了。这就是人们所说的"鲶鱼效应"。

从大的角度来说，企业需要新的东西来激活休克鱼。

海尔选择的兼并目标很有特点：主要选择技术、设备、人才素质均优良，只是管理不善、处于休克亏损状态的企业，海尔人称之为"吃休克鱼"。海尔选择"休克鱼"是基于以下两个考虑：首先，体制不顺使效益好的企业没有被兼并的动力，真正以资本为纽带的强强联合，在国内条件尚不成熟；其次，资金匮乏，使优势企业无力兼并那些需要巨大投资的亏损企业。在我国，企业出现亏损的原因多种多样，但企业经营机制不健全、管理不善是普遍的根本原因。对被兼并的企业，注入资金、技术固然重要，但这只是外部条件的优化，可治标，却不能治本。因此，关键在于解决企业发展动力和经营机制问题，变输血为造血。海尔选择那些硬件不错，只是管理不善的企业，通过输入海尔的管理和文化模式，可以很快使它起死回生，从休克状态苏醒，变得很有活力。

从小的角度来说，一个人在某一个相对稳定的环境里生存久了，主观能动性会一直维持在一个相对稳定的水平，这不利于我们突破自己，取得新的成就，我们会始终按着老一套的方式做事，最终跟不上时代的步伐。

保持主观能动性就是不断地寻找榜样，寻找能激励自己和促进自己的动力。人们往往在感受到竞争的气氛时会做出不同寻常的决定，一改迟钝的反应。以这种精神面貌来办事才会有让自己重生的感觉。

有健康才有未来

做任何事情都有赖于我们健康的身心。我之所以在本书中还要提出来，是因为许多人其实并没有重视这个问题。现在有一句俗话：年轻时人找病，年老时病找人。往往年轻时所挣的钱、所积累的幸福在你中年或老年的时候已经没有精力去享受了。健康是人生存在这个世界上幸福的前提，因此年轻的时候就应该注重锻炼和饮食，并且保持身心舒畅。

首先要认识到疾病对你的影响是潜移默化的，往往当你的世界已经被它控制了以后，就真的无药可治了。我认识一个人，以他的一套理论"宁可胃里有个洞洞，也不愿关系有个缝缝"一直喝酒走天下、打关系。后来胃大出血，险些逃不过那生死关。

心理健康是人们最容易忽视的方面。医学心理学家认为，所谓心理健康，是指这样一种状态，即人对内部环境具有安定感，对外部环境能以社会上认可的形式去适应。也就是说，遇到任何障碍和困难，心理都不会失调，都能以社会上认可的行为予以克服。这种耐性的状态，就可以说是心理健康的状态。

心理健康的人能保持镇静的情绪，有较高的智能、适应于社会环境的行为和良好的气质，培养生活中的幽默感。除了严肃、正式的场合外，在同事、朋友乃至家人中，说话时适当地采用幽默语言，对活跃气氛、融洽关系都非常有益，在一阵会心的笑声中，大家心情会特别好，做事也更加顺畅有效。